SPORTS COMMONS
スポーツ・コモンズ

総合型地域スポーツクラブの近未来像

[監修] NPO法人クラブネッツ
[編著] 黒須充・水上博司

創文企画

はじめに
―フューチャーズミーティングへの想い―

　本書は、「クラブネッツフューチャーズミーティング」の講演録をまとめたものです。

「フィーチャーズ」と銘打ったこのミーティングは、日本スポーツの歴史的・文化的・社会的特性からみて総合型地域スポーツクラブ（以下、総合型クラブ）の近未来像をどのように考えるのか、また、こうした近未来像に少しでも近づこうと日頃の実践に取り組むスポーツ関係者や総合型クラブ関係者のネットワークをどうやってつくりあげていくのかを開催目的にしました。表1はゲストスピーカーとテーマの一覧です。各回のゲストスピーカーには、講演録をもとに本書の原稿を執筆してもらいました。また各章タイトルはミーティング時のテーマから本書の編集方針に沿った章タイトルに修正したケースもあります。

　ちょうどこのミーティングを企画した1年前、2011年3月11日、大地震が東北地方を襲います。その後、国内外からの災害支援が本格化してきますが、この時期に重なるように、日本スポーツ界の新旧交代を決定づける新しいスポーツ法とスポーツ将来ビジョンが制定・公表されました。7月には50年ぶりに全面改訂された新しいスポーツ法「スポーツ基本法」（以下、基本法）の制定、11月には公益財団法人日本体育協会創立100年を記念した「スポーツ宣言日本」（以下、宣言）の公表、翌年3月には文部科学省が2度目となる「スポーツ基本計画」（以下、計画）を発表します。

　年度内にまとめて3つのスポーツ将来ビジョン。しかも50年、100年という長い年月を経た「基本法」「宣言」「計画」ですから、いずれも近未来の日本スポーツ界へ向けた大改革への決意があらわれていると考えま

表1　クラブネッツフューチャーズミーティングのテーマ・ゲストスピーカー一覧

第1回	2012年4月20日	山口泰雄	「スポーツ基本計画」の策定をめぐる総合型地域スポーツクラブ
第2回	2012年5月25日	中島信博	「地域から」を基礎にしたスポーツ政策と総合型地域スポーツクラブの近未来
第3回	2012年6月7日	森川貞夫	「国策」としての「総合型地域スポーツクラブ」を考える
第4回	2012年9月14日	菊　幸一	『スポーツ宣言日本』からみた総合型地域スポーツクラブの未来像について
第5回	2012年10月19日	海老原修	「スポーツ白書」のデータから見えてくる総合型地域スポーツクラブの課題―地域スポーツとトップスポーツの好循環プロジェクトの拠点クラブの現状と課題―
第6回	2012年12月14日	佐伯年詩雄	これからの市民社会／地域社会とスポーツ組織論の展望―クラブを中心とするスポーツ組織の歴史社会学―

す。ところが震災ショックの自粛ムードが影響したのか、各種メディアもスポーツ統括団体も新しいスポーツ法やスポーツ将来ビジョンの誕生を歓迎するような大々的なキャンペーンを行う雰囲気にはなれなかった、といった方がよいかもしれません。あの甚大な災害状況を目の前にすれば、自粛せざるを得ないのも当然と言えば当然です。

　とはいえ震災後のスポーツは、日本スポーツの近未来像をあらわすかのように、被災のショックで沈みがちな気持ちを昂ぶらせ和ませ、人々をつなぐ役割を果たしたと言えます。アスリートたちは被災時でも多くのファンからこれまでと変わらずゲームをやってほしい、スポーツを続けてほしいという声に応えようとしました。被災という非日常の状況であってもスポーツだからこそ震災前の日常のままでいられる、いわば日常生活のなかのスポーツの存在が浮き彫りになります。子どもたちのスポーツ環境が再生できないということは、そのまま子どもたちの地域生活そのものが再生できないことを意味したのではないかと思います[1]。

　スポーツ将来ビジョンの1つ、「スポーツ宣言日本」では、「21世紀における新しいスポーツの使命」の最初で、次のようにスポーツが地域生活

に寄与することを謳っています[2]。

　「スポーツは、運動の喜びを分かち合い、感動を共有し、人々のつながりを深める。人と人との絆を培うこのスポーツの力は、共に地域に生きる喜びを広げ、地域生活を豊かで味わい深いものにする。
　21世紀のスポーツは、人種や思想、信条等の異なる多様な人々が集い暮らす地域において、遍く人々がこうしたスポーツを差別なく享受し得るよう努めることによって、公正で福祉豊かな地域生活の創造に寄与する。」

　クラブネッツが震災後スタートさせた『子どもスポーツ支援プロジェクト』には、全国の総合型クラブから多くの支援金が送金されてきました。震災後、やむなくスポーツ活動を諦めざるを得ない子どもたちにとって、それは地域での生活そのものの再生を遅らせるばかりか、子どもひとり一人の生活が成立しなくなることを意味していたと思います。こうした想いは、次のような支援活動として具体的に表れており、同じようなスポーツの力のかたちは全国各地で行われていました。

第2回伊勢崎エコマラニックのエントリー費の10%を支援金に充てました
　第1回（平成23年4月10日開催）は昨年、準備が本格化する中で大震災が発生しました。ここ伊勢崎は、さほど大きな被害はありませんでしたが、周辺で多くのマラソン大会が中止となりました。しかしながら、こんな時こそ、被災していないところは日常を淡々と過ごそう。被災していないこちらの方には変わらぬサービスを可能な限り提供しよう。スタッフの皆さん、多分同じ思いだったのでしょう。誰からも「中止した方がいいのではないか…？」との声が出ませんでした。準備の最中で発生する、物資不足、ガソリン不足、計画停電…エイドステーションの水や補給食は揃うのか？　スタッフの各地点への移動は大丈夫か？スタッフミーティング、各種印刷は円滑に行くのか…　被災地に比べれば小さな障害でしたが、ひとつひとつギリギリでクリア

でき、なんとか開催、まだ悲しい記憶が残る中、多くの笑顔を見ることができました。昨年は、参加者に対し事前に義援金の案内をしていなかった為（当たり前ですが…）、イベント参加費の一部を寄付することはできませんでした。しかしながら、震災とともに始まったイベントとの思いが強く、この記憶を忘れないためにも、今年から参加費の一部を送金させていただくこととしました。まだまだ小さなイベントです。僅かばかりの支援金ではありますが、ご用立ていただければ幸いです。尚、今年の体育の日にはチャリティーランを計画しています。

「基本法」「宣言」「計画」の3つのスポーツ将来ビジョン、そして大震災をとおして改めて浮かび上がってきた生活のなかにイキイキと輝くスポーツの意味、人と人との絆を生みだすスポーツの力、これらの想いをより強いスポーツの力にできないか。本書のもとになったクラブネッツフューチャーズミーティングでは、そんな想いにさらなる力を与えてくれるゲストスピーカーとクラブの仲間に集まってもらうことができたと確信しています。

本書が総合型地域スポーツクラブで活動している皆さんの振り返りや検証のきっかけになること、また皆さんのスポーツ活動と日本スポーツの近未来を描く一助になることを願っています。末筆となりましたが、クラブネッツフューチャーズミーティングのゲストスピーカーをはじめミーティング参加の皆さん、そして1998年5月のクラブネッツ創設以来、15年間にわたりクラブネッツをご支援いただいた全国の皆様に、この場を借りて心より御礼申し上げます。

（水上博司）

【参考・引用文献】
1) 吉田毅, 2012, 東日本大震災で被災したスポーツ集団の復興プロセス―被災の様相と復興への力―, スポーツ社会学研究, 第20巻第1号, 5-19.
2) 日本体育協会・日本オリンピック委員会創立記念事業実行委員会, 2011, スポーツ宣言日本―二十一世紀におけるスポーツの使命―, 2011.7.15.

Sports Commons
スポーツ・コモンズ
総合型地域スポーツクラブの近未来像

目　次

はじめに　―フューチャーズミーティングへの想い―..................1

第1章
我が国のスポーツ政策の動向について..................9
黒須　充・森岡裕策

 1　はじめに..................10
 2　外来文化としてのスポーツ..................11
 3　我が国のスポーツ振興体制..................12
 4　スポーツクラブ..................14
 5　スポーツ振興のための財源..................17
 6　スポーツ政策..................20
 7　国民のスポーツ参加動向..................25
 8　今後の展望..................26
 9　おわりに..................30

第2章
スポーツ組織と市民社会／地域社会..................35
―スポーツクラブの歴史社会学―
佐伯年詩雄

 1　スポーツクラブの多様性..................36
 2　競技会制度とクラブの発展..................38
 3　アスリートとグローバリゼーション..................41
 4　市民社会論と地域社会論..................43
 5　スポーツ組織の可能性..................56
 6　スポーツをえにしにした資本、グローバルなネットワーク..................58
 7　21世紀のライフスタイルとスポーツ..................62
 8　総合型地域スポーツクラブの問題点..................66
 9　インターネット時代のスポーツ組織..................67

第3章
スポーツ基本計画の策定を巡る総合型地域スポーツクラブ......71
山口泰雄

- 1 スポーツ基本計画の策定プロセス......72
- 2 スポーツ振興（推進）特別委員会における審議内容と策定プロセス......73
- 3 スポーツ基本計画の策定エビデンス......78
- 4 スポーツ基本計画の概要と解説......83
- 5 スポーツ基本計画における総合型クラブと地域スポーツの推進......86
- 6 おわりに......93

第4章
「スポーツ宣言日本」の意義と総合型地域スポーツクラブの未来......97
菊　幸一

- 1 『スポーツ宣言日本』採択の背景......98
- 2 日本人にとっての「スポーツ」とは......99
- 3 『スポーツ宣言日本』の基本的な考え方......104
- 4 『スポーツ宣言日本』における3つのグローバル課題......108
- 5 総合型地域スポーツクラブの未来像......111
- 6 まとめにかえて......114
  ―「民」からのアプローチの重要性と総合型クラブ―

第5章
「国策」としての総合型地域スポーツクラブを考える......119
森川貞夫

- 1 はじめに　―地域スポーツの定着度を測る「ものさし」......120
- 2 国民のスポーツ活動の実態と「スポーツの客観的条件」......122

  3 1972年「保体審答申」から1989年「保体審答申」へ............124
  4 総合型地域スポーツクラブの「現状と課題」........................127
  5 おわりに..133
   ―自主的・自発的な地域スポーツクラブの発展のために―

第6章
総合型地域スポーツクラブと小学校体育の接点 139
海老原　修
  1 突然変異　―スポーツとはなにか―..................................140
  2 体育・スポーツにかかわる免許と資格.................................143
  3 体育とスポーツ...148
  4 スポーツ基本法にみるスポーツ指導者.................................150
  5 なぜ小学校体育活動コーディネーターなのか......................154
  6 中心と周辺　―新たなスポーツと体育の関係に向けて―.....156
  7 スポーツ指導者スタンダード..159

第7章
総合型地域スポーツクラブのイノベーション 165
―「寄付金志向」のファンドレイジングと認定NPOへのチャレンジ―
水上博司
  1 「新しい公共」とソーシャルキャピタル..............................166
  2 シンクタンク機能をもった地方版ミーティングへ...............169
  3 次世代リーダーの育成とOne to Oneマーケティング..........171
  4 「寄付金志向」のファンドレイジングへ..............................174
  5 認定NPO法人取得の可能性...178

おわりに―スポーツ・コモンズ―..183
執筆者紹介..198

第1章

我が国のスポーツ政策の動向について

黒須　充・森岡裕策

2012年7月下旬のことですが、ケルンスポーツ大学スポーツエコノミー＆スポーツマネジメント学科専任講師（博士）のキルスティン・ハルマン（Dr. Kirstin Hallmann）氏から、「世界24ヶ国のスポーツ政策を比較する本^(注1・2参照)を出版したいと考えています。ついては、日本の章を執筆して頂けないでしょうか」という一通のメールが届きました。

　震災後に心身のバランスを崩し、まだ完全には治っていなかったことや、書き馴れない英文執筆ということもあって、果たして責任をもって書き上げることができるだろうかと悩みましたが、これまで携わって来た自分の研究を大局的な視点に立って見直す良い機会にもなると前向きに捉え、またとない貴重な原稿執筆依頼をお引き受けすることにしました。

　早速、我が国のスポーツ政策についての詳しい情報を入手するため、文部科学省スポーツ・青少年局を訪ね、当時のスポーツ振興課スポーツ連携室長の森岡裕策氏（現在はスポーツ振興課長）に執筆への協力をお願いし、いろいろなお話を伺うことができました。

　そこで、このセミナーでは、「我が国のスポーツ政策の動向について」というタイトルで、森岡氏と共同で執筆した原稿をもとにお話しさせていただきたいと思います。

1　はじめに

　我が国では19世紀後半に西洋から初めて「スポーツ」とその概念が導入されて以来、つい最近まで、スポーツは主に楽しみや喜び、そしてリラクゼーションのための特別な活動として考えられて来ましたが、2011年3月11日に発生した東日本大震災により、その認識は大きく変わることになりました。

　振り返ってみると、あの震災直後、何もかもが失われ、混沌とした被災地の状況の中で、スポーツは私たちの想像をはるかに超えたあらゆる場面で多くの人々に力を与え、復興の足掛かりとなるような重要な役割を果たしてきました。「スポーツ＝種目」である前に、「スポーツ＝文化」である

ことをあらためて再認識するきっかけとなったのです。

そこで、こうしたスポーツの新たな役割も含め、日本のスポーツ発展の歴史などについても触れながら、我が国のスポーツ政策の動向について説明してみたいと思います。

2　外来文化としてのスポーツ

スポーツが外来文化として我が国に初めて導入されたのは、1867年の明治維新以降のことです。日本政府により招かれた外国人教師によって東京大学をはじめとする当時の高等教育機関において紹介されたのが始まりと言われています。ボート、ベースボール、陸上運動（後の陸上競技）、テニス、フットボールなど、屋外で行う運動を中心として発展し、1886年以降、各学校に校友会運動部が組織されていきました。

スポーツの移入は、我が国古来の武術のスポーツ化にも拍車をかけ、撃剣（剣道）・柔術（柔道）・弓術（弓道）など、相次いで校友会運動部の仲間入りを果たしていきました。1900年代に入ると、校友会運動部は学校間の対校試合を開始し、それが今日にまで続く伝統の一戦と言われる「早慶戦」のはじまりとなりました。

また、1911年には、嘉納治五郎を会長とする大日本体育協会（現在の「日本体育協会」「日本オリンピック委員会」）が設立され、翌年の第5回オリンピックストックホルム大会（1912年）に三島弥彦（陸上競技400m）・金栗四三（陸上競技マラソン）を派遣しました。

これ以降、日本のスポーツは古来の武術（武道）と外来のスポーツが相互に影響し合いながら、国際化を目指して組織し、強化されていったのです[1]。

このような歴史的背景のもとに誕生した我が国のスポーツは、長い間、1つの競技に専念する、いわば「道」を究めるスタイル（種目中心主義）が主流を占めてきました[2]。

しかし、社会の発展に伴って人々のスポーツに対する欲求は多様化・高

度化し、競技者という単一のモデルを基軸とした従来のスポーツ組織では、対応が難しい状況が生まれてきました。多くの人々にとって、スポーツ活動とは、自由時間の大部分を、ただ1つの競技のための練習やトレーニングに充てるというスタイルではなく、それぞれのライフステージやライフスタイルに応じて様々なスポーツを楽しむ傾向が強くなっています。言い換えれば、人々は、従来のスポーツ組織が想定し得なかったスポーツライフスタイルを実践し始めていると言えるでしょう。

3　我が国のスポーツ振興体制

　図1をご覧下さい。現在（2012年4月現在）の我が国のスポーツ振興に関わる組織体制は、大きく分けて4つのグループに分けられます[3]。

　第1に、中央政府や地方自治体の「行政組織」が挙げられます。国においては、文部科学省のスポーツ・青少年局が、地方においては、主に都道府県及び市区町村の教育委員会がスポーツ行政の主務機関となっています。なお、地方レベルでは、2007年の「地方教育行政の組織及び運営に関する法律」の改正に伴い、それまで教育委員会が担当していたスポーツに関する事務（学校体育を除く）を首長部局に移管するケースも見られます。

　第2に、独立行政法人日本スポーツ振興センター（JAPAN SPORT COUNCIL）が挙げられます。日本スポーツ振興センターは、「スポーツ振興くじ」の売上による収益金や「スポーツ振興基金」の運用益によって、我が国のスポーツ環境の整備や国際競技力の向上などスポーツの振興を目的とする事業に対して助成を行っています。また、国立スポーツ科学センター（Japan Institute of Sports Sciences）やナショナルトレーニングセンター（National Training Center）などの運営・管理も行っており、我が国のスポーツ振興を図るための中核的な専門機関となっています。

　第3に、公益財団法人日本体育協会（Japan Sports Association）と公益財団法人日本オリンピック委員会（Japanese Olympic Committee）及

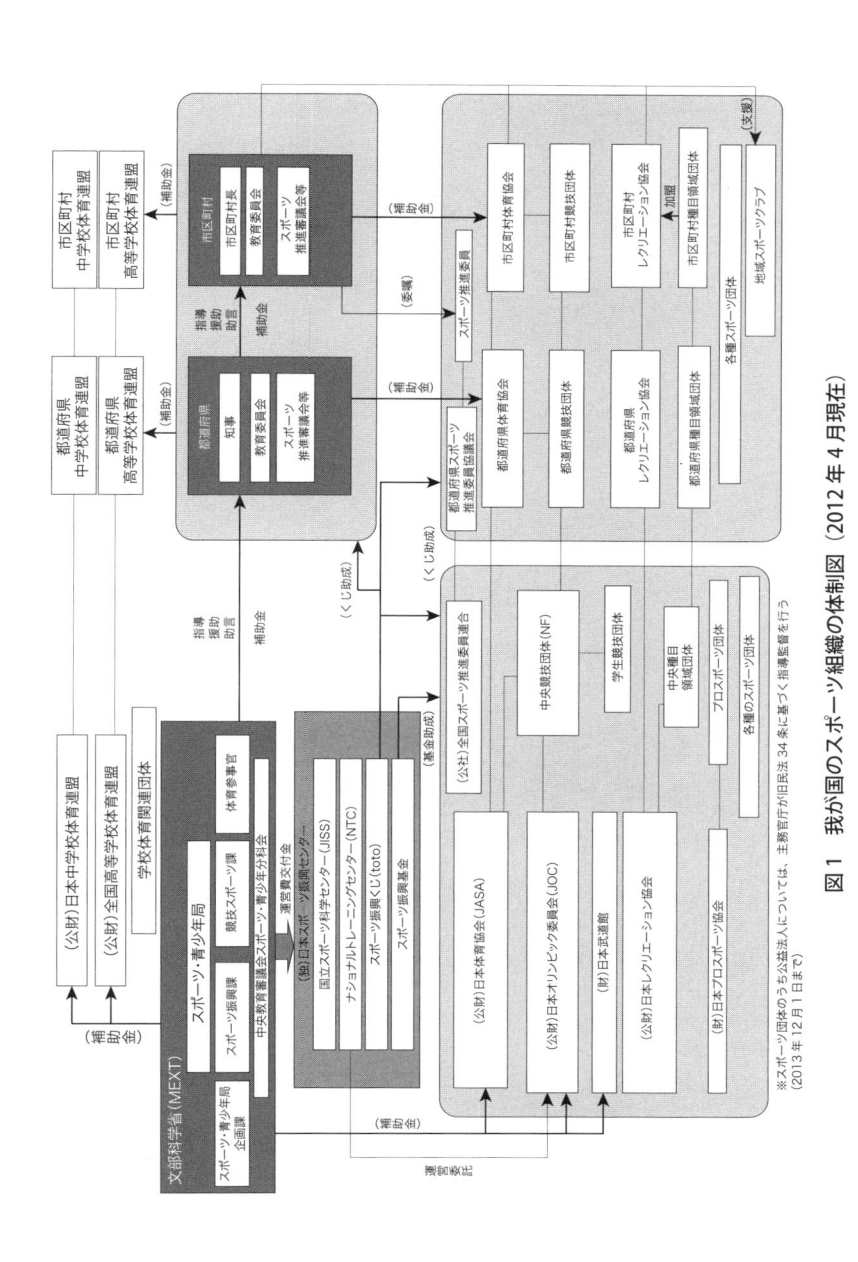

第1章 我が国のスポーツ政策の動向について

図1 我が国のスポーツ組織の体制図（2012年4月現在）

びその傘下にある種目別の競技団体や都道府県・市区町村の体育協会などが挙げられます。我が国のスポーツを振興する上で、民間スポーツ団体の果たす役割は極めて大きく、（公財）日本体育協会が主として国民スポーツの振興を、（公財）日本オリンピック委員会が国際競技力の向上をそれぞれ担当しています。

　そして第4のグループが、我が国の学校体育や運動部活動におけるスポーツ振興を担う（公財）日本中学校体育連盟や（公財）全国高等学校体育連盟です。

　その他、新たに地域スポーツの振興を支える組織として、NPO（Non Profit Organization）が注目されています。定款の目的にスポーツや健康、レクリエーションなどの普及・振興を掲げる「スポーツNPO」は、2013年7月時点で約4,500団体（NPO法人クラブネッツ調べ）あり、NPO法人全体（48,000団体）の約1割を占めています。

4　スポーツクラブ

　続いて我が国のスポーツクラブについて見ていきます。

(1) 我が国の地域スポーツクラブの特徴

　公益財団法人日本スポーツクラブ協会（Japan Sport Club Association）の調査（2000）によれば、我が国には、約35万7千の地域スポーツクラブが存在し、その約90％は単一種目型であり、約60％は限られた年齢で構成されており、1クラブ当たりの平均会員数は約28人と推定されています[4)]。

　こうした小規模で単一種目型の、限られた年齢構成によって組織されたクラブの場合には、次のような問題点が挙げられます。

　第1には、スポーツクラブの継続性の問題です。我が国の単一種目型スポーツクラブの4分の1近くが5年から10年の間に消滅していると言われています。仮に自分に合ったスポーツクラブに出会えたとしても、

所属するクラブが数年のうちに消滅してしまっては、スポーツを継続しようとする人にとって大きな問題であると同時に、スポーツクラブと地域社会との関係も築くことができず、スポーツクラブが地域社会の中でなかなか受け入れられないことになります。

　第2は効率的な施設の利活用がなされないことです。スポーツクラブ同士の横の連携が必ずしも十分でなく、公共スポーツ施設の使用などについても、約6割のスポーツクラブが同一時間帯では公共スポーツ施設を1クラブで独占して使用しています。少人数のクラブが1つの施設を独占的に使用するということは、施設利用の面から言って極めて非効率であり、仮に全国の地域スポーツクラブがそのような主張をするのであれば、際限なくスポーツ施設が必要になってしまうでしょう。

　第3には、年齢層が限られているため、年代ごとに自分に合ったスポーツクラブを探す必要があります。小規模のスポーツクラブが多数乱立し、それぞれのスポーツクラブの情報が十分に提供されていない状況では、自分のニーズに合ったスポーツクラブを探すことは容易なことではなく、その煩雑さからスポーツクラブへの所属のみならず、スポーツ活動そのものを途中でやめてしまう人も出てくるものと思われます[5]。

（2）総合型地域スポーツクラブ

　こうした様々な問題を改善し、我が国のスポーツ環境の充実を図るための有効な方策として1995年に打ち出されたのが、「総合型地域スポーツクラブ（Comprehensive Community Sports Club）」です。総合型地域スポーツクラブ（以下、総合型クラブと略す）とは、少年野球チームやママさんバレーボールのようにある特定の種目だけではなく、いくつかの種目で、レベルや興味に応じて多様なプログラムが選べるように構成されています。また、地域住民の主体的な運営により、子どもから高齢者まですべての世代の人々が近隣の学校施設や公共スポーツ施設等を活用しながら、生涯を通してスポーツに親しめる環境づくりを目指して活動している非営利組織です[6]。

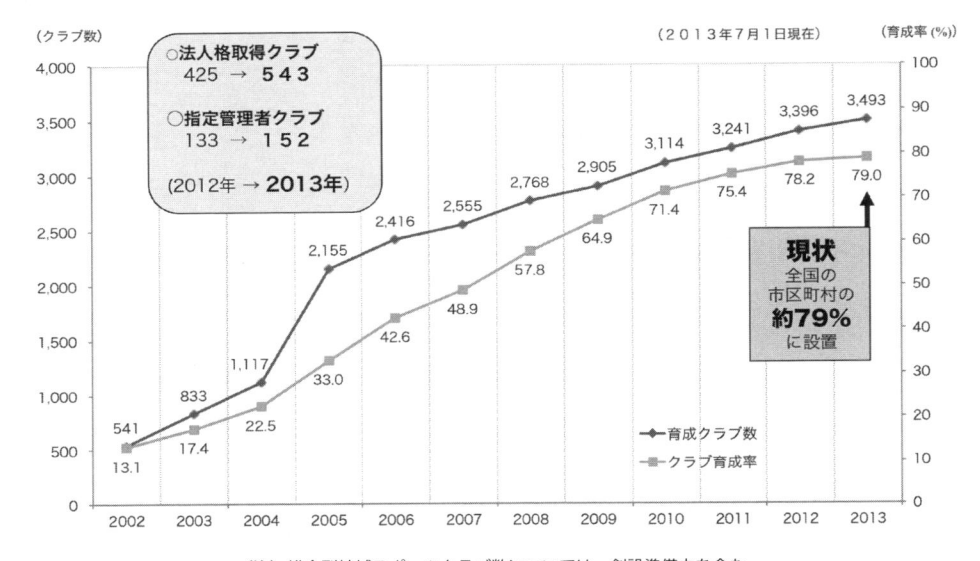

(注) 総合型地域スポーツクラブ数については、創設準備中を含む
(出典) 文部科学省「2013年度総合型地域スポーツクラブ育成状況調査」

図2 総合型地域スポーツクラブの育成状況

　図2に示す通り、文部科学省の調査によれば、2013年7月現在、1,742の市区町村に3,493の総合型クラブが育成されています。

(3) 民間フィットネスクラブ

　一方、都市部で多く見られる民間フィットネスクラブの数は、現在3,388施設(2009年)です。表1をご覧下さい。2005年2,049クラブ、2007年3,040クラブと順調に増加を続けてきましたが、最近は、横ばい

表1　民間フィットネスクラブの施設数と会員数の推移

	2005年	2006年	2007年	2008年	2009年
施設数	2,049	2,541	3,040	3,269	3,388
会員数(人)	3,970,519	4,178,690	4,103,462	4,009,082	3,952,970
参加率(%)	3.10	3.27	3.21	3.14	3.10

「フィットネスビジネス」編集部調べ (2010)

第1章　我が国のスポーツ政策の動向について

傾向になっています。会員数は2006年をピークに減少が続き、2009年は3年ぶりに400万人を下回りました[7]。

5　スポーツ振興のための財源

(1) 文部科学省のスポーツ関係予算の推移

図3は、文部科学省のスポーツ関係予算の推移をまとめたものです。国の財政事情が厳しい中、122億円（2002年）、187億円（2007年）、235億円（2012年）と確実に上積みされており、2013年度は過去最高の243億円となりました。とはいえ、この額が2013年度の国家予算（92兆6,115億円）のわずか0.03％であることを考えた場合、必ずしも十分な予算が確保されているとは言い難い状況にあると言えるでしょう。2013年度予算の内訳を見てみると、158億円が国際競技力向上の施策に、

○2013年度は約**243億円**であり、近年では増加傾向である。
○競技スポーツ関連予算が大きなウェートを占めている。

※その他のスポーツ予算については1％未満のため、表示しない。　　　　　（出典）文部科学省調べ

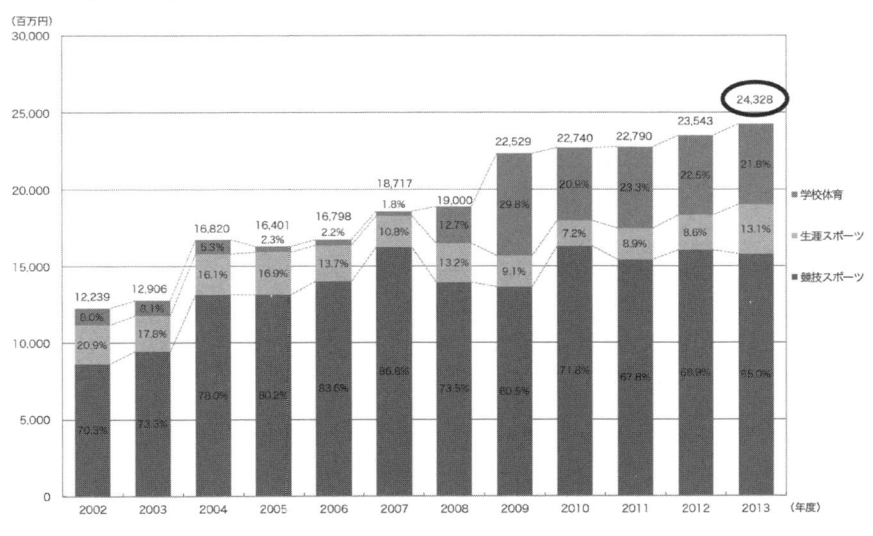

図3　文部科学省のスポーツ関係予算の推移

32億円が地域スポーツ環境整備の推進に、53億円が学校体育の充実にあてられており、スポーツ関係予算の6割以上が競技力向上施策のために使われていることがわかります[8]。

（2）地方におけるスポーツ関係予算

次に地方におけるスポーツ関係予算を見てみましょう。図4をご覧下さい。

文部科学省の調査によれば、2009年度の地方におけるスポーツ関係予算の合計は5,015億円であり、1995年度の1兆84億円と比べると半減していることがわかります。内訳を見てみると、都道府県分が926億円、政令市分が533億円、市町村分が3,550億円であり、地方歳出総額に占める割合は、0.52％に留まっています。景気後退による地方税収の減少により、地方財政は大変厳しい状況に直面しています。行政のスリム化をはじめ、公共施設の指定管理者制度やPFIの導入、住民と行政の協働など、限られた財源や人材などの経営資源を有効に活用する知恵（自治体経営）

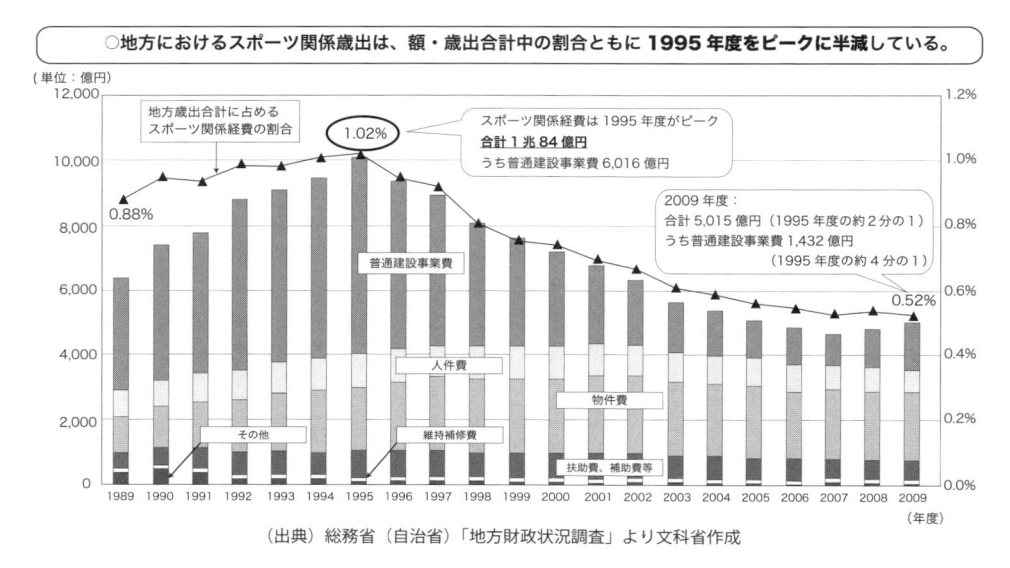

○地方におけるスポーツ関係歳出は、額・歳出合計中の割合ともに**1995年度をピークに半減している。**

（出典）総務省（自治省）「地方財政状況調査」より文科省作成

図4　地方におけるスポーツ関係歳出

第1章 我が国のスポーツ政策の動向について

が問われています[9]。

(3) スポーツ振興くじ等による財源

独立行政法人日本スポーツ振興センターは、「スポーツ振興くじ」の売上による収益金によって、地方公共団体及びスポーツ団体に助成を行っています。

スポーツ振興くじ（通称 toto）は、2001 年から全国販売が開始され、2002 年度から助成事業が開始されました。スポーツ振興くじの売上額は、初年度こそ約 643 億円であったものの、2003 年度には約 199 億円に激減し、一時は十分な助成が出来ない状況に陥りました。その後、販売チャンネルの拡大や新商品「BIG」の発売により、2007 年度には売上額が約 637 億円に回復し、2008 年度には 800 億円を突破しました。2011 年度の売上額は約 827 億円となり、その結果、2012 年度は、これまでで最も多い 2,957 件、約 164 億円が、地域スポーツ環境の整備・充実や国際競技力向上のための事業に助成されました[10]。

○スポーツ振興くじ助成は、2012 年度に過去最高の約１６４億円を交付。

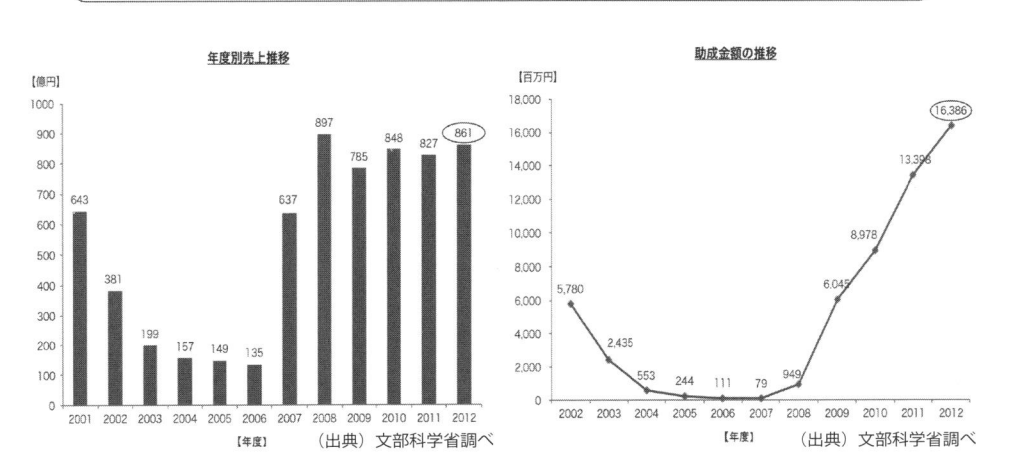

図5 スポーツ振興くじ助成実績

その他には、国の出資250億円と民間からの出資で1990年に設置された「スポーツ振興基金」があります。また、「笹川スポーツ財団（Sasakawa Sports Foundation）」やその他の団体による財政支援もあります。

6　スポーツ政策

我が国のスポーツを取り巻く最近の動きとしては、図6に示したように、「スポーツ立国戦略の策定（Strategy for founding a sport-oriented nation, 2010）」、「スポーツ基本法の制定（Enactment of the Basic Act on Sport, 2011）」、「スポーツ基本計画の策定（Establishment of the Sport Basic Plan - Activating Japan through Sport!, 2012）」、そしてスポーツ庁設置の構想など、国レベルでの大きな動きが見られます。

それでは、各政策を詳しく見ていきましょう。

「スポーツ基本法」の制定を踏まえ、2012年3月21日に中央教育審議会からその策定について答申があり、2012年3月30日付けで「スポーツ基本計画」を告示し、具体的な実施計画を示した。

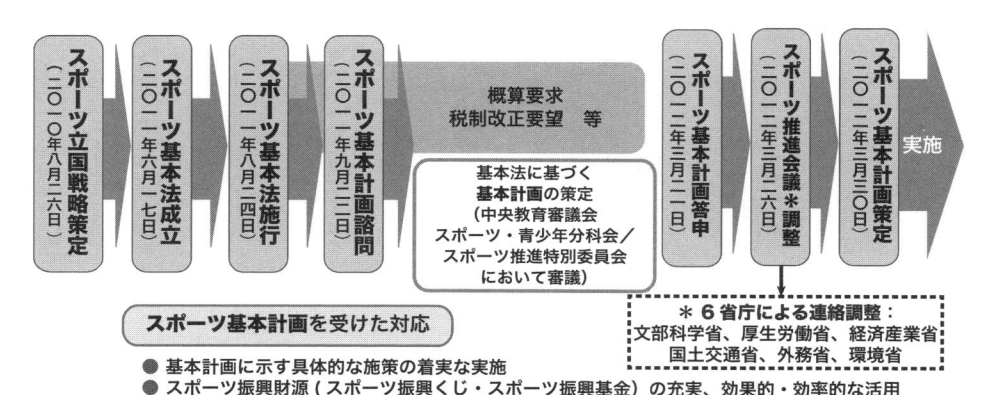

| スポーツ立国戦略策定（二〇一〇年八月二六日） | スポーツ基本法成立（二〇一一年六月一七日） | スポーツ基本法施行（二〇一一年八月二四日） | スポーツ基本計画諮問（二〇一一年九月三〇日） | 概算要求 税制改正要望　等 基本法に基づく **基本計画の策定** （中央教育審議会 スポーツ・青少年分科会／ スポーツ推進特別委員会 において審議） | スポーツ基本計画答申（二〇一二年三月二日） | スポーツ推進会議＊調整（二〇一二年三月二六日） | スポーツ基本計画策定（二〇一二年三月三〇日） 実施 |

＊6省庁による連絡調整：
文部科学省、厚生労働省、経済産業省
国土交通省、外務省、環境省

スポーツ基本計画を受けた対応
- 基本計画に示す具体的な施策の着実な実施
- スポーツ振興財源（スポーツ振興くじ・スポーツ振興基金）の充実、効果的・効率的な活用
- 国の総合的なスポーツ行政推進のための組織の在り方

図6　「立国戦略」の策定から「基本法」の制定、「基本計画」の実施

第1章　我が国のスポーツ政策の動向について

（1）スポーツ基本法

2011年6月、「スポーツ振興法（Sport Promotion Act）」（1961年）が50年ぶりに全面改定され、「スポーツ基本法（Basic Act on Sport）」が制定されました。この法律は、スポーツに関し、基本理念を定め、国及び

◆ 2011年6月、「スポーツ振興法」を50年ぶりに全面改正する「スポーツ基本法」が成立(同年8月施行)。
◆「スポーツ基本法」に基づき、初めての「スポーツ基本計画」を策定（2012年3月）。

前文
　スポーツは世界共通の人類の「文化」と位置付けた上で、**スポーツの意義や役割、効果等**を明記

第1章　総則
・目的、基本理念
・国、地方公共団体の責務
・スポーツ団体の努力
・国民の参加・支援の促進
・関係者相互の連携・協働
・法制上、財政上等の措置

　地域スポーツと競技スポーツの好循環の必要性を明記

　「スポーツを通じて幸福で豊かな生活を営むことが人々の権利」と規定

　プロスポーツや障害者スポーツを明記

　スポーツ団体の運営の透明性の確保を定め、**スポーツ団体のガバナンス**を明記

第2章　スポーツ基本計画等
・スポーツ基本計画
・地方スポーツ推進計画

　文部科学大臣は、**「スポーツ基本計画」**を策定し、総合的・一体的・効果的に施策を推進

第3章　基本的施策
・基礎的条件の整備等
・多様なスポーツ機会の確保のための環境整備
・競技水準の向上等

　スポーツに関する紛争の迅速・適正な解決など、**スポーツを行う者の権利利益の保護に配慮した**規定を整備

　地域スポーツの意義・理念、**新しい公共の担い手**となる**「地域スポーツクラブ」**を明記

　ドーピング防止活動、国際競技大会の招致・開催等、時代の変化に対応した施策を新たに規定

第4章　スポーツ推進に係る体制整備
・スポーツ推進会議
・地方公共団体のスポーツ推進審等
・スポーツ推進委員

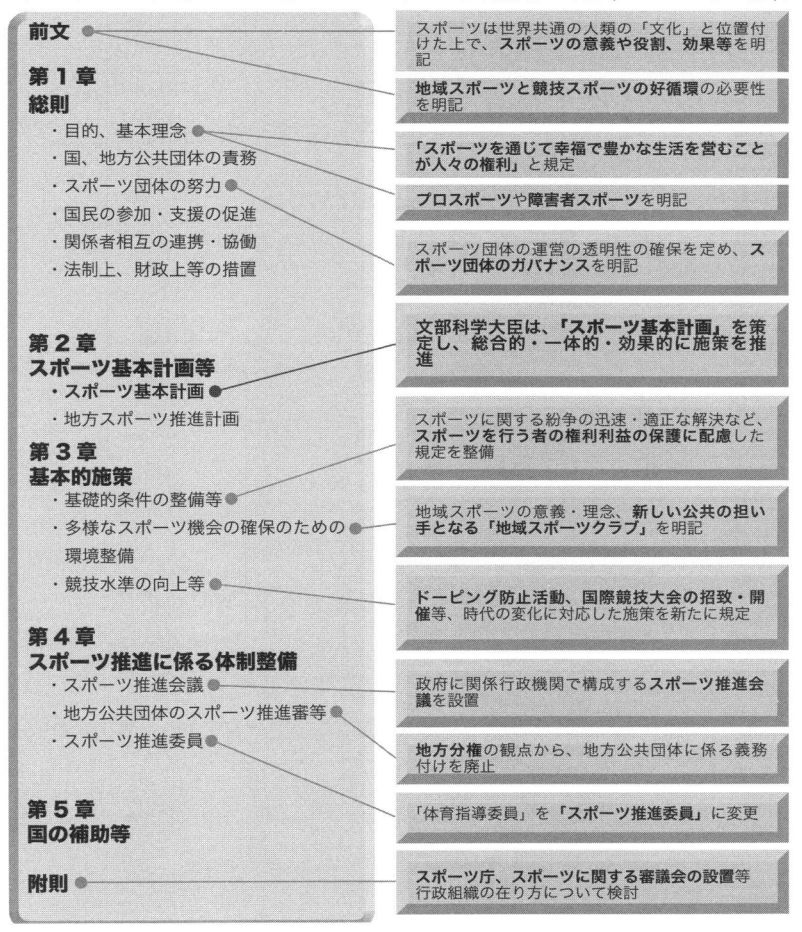

　政府に関係行政機関で構成する**スポーツ推進会議**を設置

　地方分権の観点から、地方公共団体に係る義務付けを廃止

　「体育指導委員」を**「スポーツ推進委員」**に変更

第5章　国の補助等

附則
　スポーツ庁、スポーツに関する審議会の設置等行政組織の在り方について検討

図7　スポーツ基本法について

地方公共団体の責務やスポーツ団体の努力等を明らかにするとともに、スポーツに関する施策の基本となる事項を定めており、図7にあるように前文と5章35条で構成されています[11]。

（2）スポーツ基本計画

2012年3月、スポーツ基本法第9条の規定に基づき、スポーツの推進に関わる基本的な計画が策定されました。このスポーツ基本計画は、2012年から10年間程度を見通しつつ、今後5年間（2012-2016）に総合的かつ計画的に取り組む施策を体系化したものとなっています。まず、今後10年間を見通したスポーツ推進の基本方針として、次の7つの政策課題が掲げられています。

　①学校と地域における子どものスポーツ機会の充実
　②ライフステージに応じたスポーツ活動の推進
　③住民が主体的に参画する地域のスポーツ環境の整備
　④国際競技力の向上に向けた人材養成・スポーツ環境整備
　⑤国際競技大会等の招致・開催等を通じた国際交流・貢献の推進
　⑥スポーツ界の透明性、公平・公正性の向上
　⑦スポーツ界における好循環の創出

それぞれの政策課題には、具体的な政策目標が掲げられ、施策目標、現状と課題、そして今後の具体的施策展開が記されています。ここでは、地域におけるスポーツの推進に関係する政策を中心に概要を紹介します。

まず、「①学校と地域における子どものスポーツ機会の充実」の政策目標は、図8に表れている「二極化」の問題を少しでも解消し、今後10年以内に子どもの体力が1985年頃の水準を上回ることができるようにすることです。

具体的な施策は、「小学校低学年に対する運動習慣の形成」、「小学校体育専科教員配置や小学校体育活動コーディネーター派遣」などの取り組みを提案しています。

次に、「②ライフステージに応じたスポーツ活動の推進」の政策目標は、

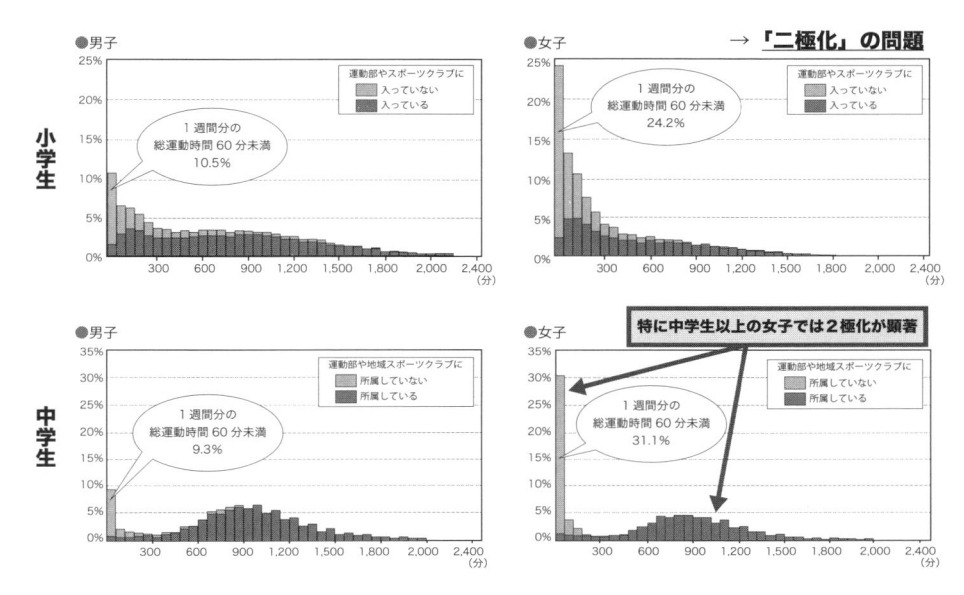

第1章 我が国のスポーツ政策の動向について

図8 子どもの運動習慣の現状（1週間の総運動時間※体育の授業を除く）

（出典）平成22年度全国体力・運動能力・運動習慣等調査（文部科学省）

1）成人の週1回以上のスポーツ実施率が3人に2人（65％程度）、2）成人の週3回以上のスポーツ実施率が3人に1人（30％程度）、3）成人のスポーツ未実施者（1年間に一度もスポーツをしない者）をゼロに近づけることです。具体的施策は、「親子や家族が共に参加できるスポーツ教室やイベントの開催」や「スポーツ未実施者やスポーツが苦手な人に対するスポーツ参加のきっかけづくり」、「若者デーやレディースデー」、「スポーツのためのノー残業デー」などの取り組みが提案されています。

「③住民が主体的に参画する地域のスポーツ環境の整備」の政策目標は、住民が主体的に参画する地域のスポーツ環境を整備するため、総合型地域スポーツクラブの育成やスポーツ指導者・スポーツ施設の充実等を図ることです。具体的施策は、NPO型のコミュニティスポーツクラブが主体となって地域のスポーツ環境を形成することや、クラブの創設・自立・活動を一体的にアドバイスできる「クラブアドバイザー」の育成、地域スポー

ツと企業・大学等との連携などの取り組みが提案されています。
　「⑦スポーツ界における好循環の創出」の政策目標は、トップスポーツと地域におけるスポーツとの連携・協働を推進することです。具体的な施策は、地域において次世代のアスリートを発掘・育成することや、拠点クラブに優れた指導者を配置し、周辺クラブへの巡回指導を実施する取り組みなどが提案されています[12]。

（3）社会政策としてのスポーツ

　2011年にスポーツ基本法が制定され、2012年にスポーツ基本計画が策定されたように、我が国のスポーツ政策は、今まさに歴史的な転換期を迎えようとしています。その理由の1つは、スポーツを取り巻く環境が大きく変化したことが挙げられます。例えば、少子高齢化が進み、医療費や介護費は年々増加する一方、単に医療費を抑制するという対症療法だけでは根本的解決が難しく、運動やスポーツを、若い世代のうちから積極的に日常生活の中に取り入れ、将来に備えるという予防的観点に立った対策が不可欠の時代を迎えています。

　また、地域に密着したプロスポーツや国際的・全国的スポーツイベントの誘致・開催が地域経済を刺激し、地域を元気にするなど、スポーツを核とした地域づくり政策は、これからの地域活性化の新たな選択肢の1つと言えるでしょう。

　さらに、都市化の進展や人々のライフスタイルの変化などに伴い、地域の連帯感が希薄化していますが、スポーツを介して、子どもたちや地域住民の交流が拡がれば、地域コミュニティの再生につながります。地域を基盤としたスポーツクラブが人々の交流を促す「居場所」としての機能や、地域内で顔の見える関係を築く、いわゆるソーシャル・キャピタルの醸成と蓄積の役割を果たしているという研究成果も得られています[13]。

　こうした観点に立って考えてみると、現代のスポーツは、もはや単にスポーツそのものの振興だけを担えばいいという時代は終わりを告げ、今や様々な社会問題の解決の一翼を担う、極めて社会的な存在へと進化したと

第 1 章　我が国のスポーツ政策の動向について

言えるでしょう。

7　国民のスポーツ参加動向

(1) スポーツ実施状況

　図 9 をご覧下さい。文部科学省が 2013 年 1 月に調査した「体力・スポーツに関する世論調査」によると、成人の週 1 回以上のスポーツ実施率は全体で 47.5％（男性 47.9％、女性 47.0％）となっており、2000 年（37.2％）、2004 年（38.5％）、2006 年（44.4％）、2009 年（45.3％）、2012 年（47.5％）と緩やかではありますが上昇傾向にあることがわかります。年代別では、20 〜 30 歳代の若者世代において、他の世代に比べスポーツ実施率が低い傾向にあることがわかります[14]。

○ **成人全体のスポーツ実施率（週 1 回以上）は、緩やかであるが上昇傾向にある。**
○ **20 代、30 代のスポーツ実施率は他の世代と比較すると低い。**

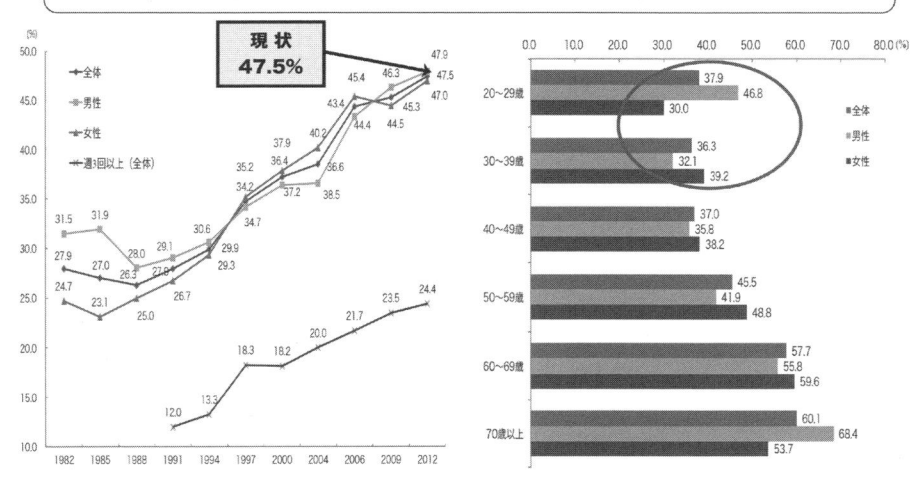

（出典）「体力・スポーツに関する世論調査」（平成 25 年 1 月文部科学省）に基づく文部科学省推計

図 9　成人の週 1 回以上のスポーツ実施率の推移

表2　種目別運動・スポーツ実施率の動向（上位10種目）

	2000年		2004年		2008年		2010年	
1	ウォーキング・散歩	33.6	散歩（ぶらぶら歩き）	34.0	散歩（ぶらぶら歩き）	30.8	散歩（ぶらぶら歩き）	34.8
2	体操（軽い体操・ラジオ体操など）	19.7	ウォーキング	21.6	ウォーキング	22.4	ウォーキング	24.5
3	ボウリング		体操（軽い体操・ラジオ体操など）	18.6	体操（軽い体操・ラジオ体操など）	17.5	体操（軽い体操・ラジオ体操など）	18.5
4	水泳	12.0	ボウリング	16.4	ボウリング	15.1	ボウリング	13.3
5	釣り	11.9	筋力トレーニング	9.6	筋力トレーニング	11.1	筋力トレーニング	11.5
6	海水浴	11.2	釣り		水泳	9.0	ゴルフ（コース）	9.0
7	ゴルフ（コース）	11.0	海水浴	9.5	海水浴	8.9	ジョギング・ランニング	8.5
8	ゴルフ（練習場）	10.4	水泳	9.3	ゴルフ（コース）	8.7	釣り	
9	ハイキング	8.8	ゴルフ（コース）	9.2	キャッチボール	8.0	ゴルフ（練習場）	8.2
10	スキー	8.5	ゴルフ（練習場）	8.1	サイクリング	7.9	キャッチボール	8.1

年1回以上の実施率。出典：「スポーツライフ・データ」（2000～2010）より作成

（2）種目別運動・スポーツ実施状況

　笹川スポーツ財団（SSF）が2011年2月に調査した「スポーツ活動に関する全国調査」（表2）によると、過去1年に1回以上実施した上位10種目は、「散歩（ぶらぶら歩き）」（34.8％）、「ウォーキング」（24.5％）、「体操（軽い体操・ラジオ体操など）」（18.5％）、「ボウリング」（13.3％）、「筋力トレーニング」（11.5％）が上位5種目となっています。このほか、「ゴルフ（コース）」（9.0％）、「ジョギング・ランニング」（8.5％）、「釣り」（8.5％）、「ゴルフ（練習場）」（8.2％）などが10位内に入っています。全体的に健康づくりのための運動や個人でできる手軽な種目等が上位を占める傾向にあるようです[15]。

8　今後の展望

（1）パラダイム・シフト

　図10をご覧下さい。英国の経済誌「エコノミスト（The Economist）」

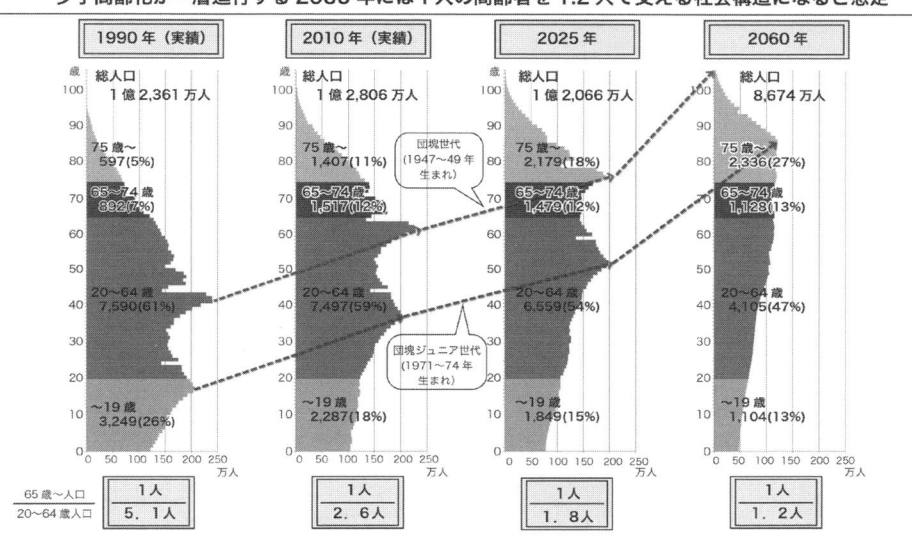

第 1 章 我が国のスポーツ政策の動向について

○日本の人口構造を見ると、現在 1 人の高齢者を 2.6 人で支えている社会構造になっており、少子高齢化が一層進行する 2060 年には 1 人の高齢者を 1.2 人で支える社会構造になると想定

1990 年（実績）
総人口 1 億 2,361 万人
75 歳～ 597（5%）
65～74 歳 892（7%）
20～64 歳 7,590（61%）
～19 歳 3,249（26%）

2010 年（実績）
総人口 1 億 2,806 万人
75 歳～ 1,407（11%）
65～74 歳 1,517（12%）
団塊世代（1947～49 年生まれ）
20～64 歳 7,497（59%）
団塊ジュニア世代（1971～74 年生まれ）
～19 歳 2,287（18%）

2025 年
総人口 1 億 2,066 万人
75 歳～ 2,179（18%）
65～74 歳 1,479（12%）
20～64 歳 6,559（54%）
～19 歳 1,849（15%）

2060 年
総人口 8,674 万人
75 歳～ 2,336（27%）
65～74 歳 1,128（13%）
20～64 歳 4,105（47%）
～19 歳 1,104（13%）

65 歳～人口／20～64 歳人口
1 人／5.1 人　1 人／2.6 人　1 人／1.8 人　1 人／1.2 人

（出所）総務省「国勢調査」及び「人口推計」、国立社会保障・人口問題研究所「日本の将来推計人口（平成 24 年 1 月推計）：出生中位推計・死亡中位推計」（各年 10 月 1 日現在人口）

図 10　日本の人口構造の変化

　編集部がまとめた「2050 年の世界」（邦訳）によれば、「日本は 2050 年、被扶養者数と労働年齢の成人数が肩を並べ、国民の平均年齢は 52.3 歳に上昇し、世界史上最も高齢化が進んだ社会になるだろう」という見通しが示されています[16]。

　これまで高度経済成長を成し遂げ、拡大、繁栄路線をたどってきた日本社会は、人口のみならず税収予算などあらゆる面において縮小路線へと方向転換せざるを得ない時期に差しかかっていると言えるでしょう。こうしたダウンサイジングの時代にスポーツの価値を高め、より発展させていくためには、発想を切り替え、仕組みそのものを新たな視点で見直していくことが必要です。見方を変えれば、こうした少子超高齢社会は世界のどの国も経験したことがないものであり、2020 年東京オリンピック・パラリンピック競技大会の開催[注3]も見据え、日本が世界に先駆けて時代に即し

た社会システム（スポーツ含む）をどのように構築していくか、世界の注目が集まっていると考えることもできるでしょう。

（2）「スポーツ無関心層」を掘り起こそう！

これまでのスポーツ政策では、スポーツとは本人の自由意思に基づいて行われる自発的活動であることから、スポーツをしない、いわゆる「スポーツ無関心層」については積極的に介入しない傾向にありました。しかしながら、このようなスポーツをしていない人たちがいかにスポーツに参加してくれるか、さらに言えば、今スポーツをしている人たちがさらに満足度の高いスポーツ活動ができるようにするにはどうしたらいいか、という多面的な視点を持つことが、これからの地域スポーツ推進に不可欠な要素となってきます。今後は、こうした無関心層をも惹きつける魅力あるスポーツプログラムや、身近な場所で快適に安心してスポーツを楽しめるための新しいサービス体制づくり（託児サービスや放課後子ども教室、介護予防等に取り組む総合型クラブなど）も必要となってくるでしょう[17]。

（3）青少年スポーツの振興

子どもに目を向けた場合、生涯を通じてスポーツを楽しむための素養をつけるためには、なるべく多くのスポーツに親しむことが重要です。

また、1つの競技に専念し、それを究める場合においても、成長期においては複数のスポーツを経験することが、極めて重要であると言われています。今後は、四季（シーズン）を意識したスポーツイベント、教室、キャンペーンなどを開催することにより、一人でも多くの子どもたちがより一層、たくさんのスポーツに親しむことができる環境づくりを推進して行ければと考えています。

（4）高齢者のスポーツ振興

こんな話を聞いたことはありませんか。ある病院の待合室での会話ですが、ほぼ毎日決まった時間に集まるお年寄りが顔を合わせ、世間話をして

いたそうです。その時、ある人が「あれ、××さん、今日は来てないねぇ。病気にでもなったのだろうか」と。病院の待合室がサロン化しているという小話（ジョーク）ですが、本来元気な高齢者が通うところは、病院ではなく、スポーツクラブが似合っていることを全国キャンペーンしていくことなどが、医療費の削減に最も効果的な政策になるのではないかと思っています。

（5）スポーツを支える人々の育成支援

　これまでのスポーツ指導は、指導者の経験や個人的な好意や親切（手弁当かつ持ち出しの奉仕活動）によって担われてきましたが、今後は指導者としての社会的使命感や専門的な学識に支えられた社会的責任が求められる時代を迎えています。立場としてはボランティアであっても、仕事（指導）はプロフェッショナルな内容が求められていると言えるでしょう。単に技術のみを教えるのではなく、アクシデントや緊急事態にも適切な対応ができる指導者の養成も急務となっています。さらに青少年スポーツの指導者は未来からスポーツを託されている「人を育てる」という大切な役割の一翼を担っていることに責任と誇りを持って指導に当たれるよう、育成していくことが重要となります。

（6）新しいクラブライフを提案しよう

　総合型クラブとは、地域の共有財産である学校や企業も含め、地域にある既存の施設や人材を有効に活用することによって、新たな活力を生み出し、地域のスポーツ環境をより良く改善することを目的に構想されたものです。言い換えれば、これまでの学校や企業、行政のみに大きく依存したシステムを見直し、広く地域全体でスポーツを支えていこうというのが総合型クラブの基本コンセプトであると言えます。生涯を通して年齢や所属に関係なく、より多くの人が継続的にスポーツを楽しむためには、スポーツ活動そのものに加えて「クラブライフ」を満喫できる環境の整備が重要と考えます。

（7）ポリシーミックス

　総合型クラブを核としたスポーツ推進は市民と行政の協働による市民社会創造への有効なモデルとなり、社会の急激な変化に対応する抜本的な施策の1つになる可能性を秘めています。

　そのためには、現在、スポーツ庁の議論も行われているようですが、スポーツ政策というものを文部科学省、都道府県・市町村の教育委員会という枠組みだけで捉えるのではなく、もう少し総合的に、いろいろな視点からスポーツを見ていくことが必要ではないでしょうか。

　つまり、健康政策、経済政策、コミュニティ政策へのスポーツの貢献をもっと積極的にアピールし、ポリシーミックスによる総合的なスポーツ推進が有効であると考えます。

（8）持続可能な社会

　今後、将来世代のための持続可能な社会をつくるためには、あらゆる人々の人権が尊重される公正な暮らしの構築、環境に優しく多様な生物や種との共生が可能な社会の実現、そして相互の信頼に基づく友好で平和に満ちた世界の創造が極めて重要な課題となってきます。

　スポーツは、その内在的価値を尊重する営みとなるとき、この課題を共有し、その実現に貢献しうる豊かな可能性を有する文化になると言われています[18]。そうした意味で、スポーツは、その文化資本（capital culture）としての機能を十二分に発揮し、人々が豊かに生きる必須要素として、また人類の普遍的な文化として位置づけられなければならなりません。

9　おわりに

　冒頭の部分でも触れましたが、東日本大震災では通常災害時には地域住民の救援活動にあたるはずの地方自治体も数多く被災し、道路やライフ

ラインが寸断され、救助の手が届かない状況があちこちで見られました。そんな中、いち早く被災地の救援活動や支援活動に入った組織の1つに、総合型クラブがあります。彼らはツイッターやフェイスブックなどのSNS（ソーシャル・ネットワーキング・サービス）を駆使し、要望のあった支援物資を素早く調達し、迅速に届ける活動や、避難所での生活に疲れ、ストレスを抱えた人々の気分転換を図り、身体機能が低下しないようスポーツによるサポート活動を続けました[19]。まさにスポーツが縁でつながった遠く離れた人々を総合型クラブがハブ役（拠点）となり支え続けたわけです。こうした一連の活動はスポーツが持つ社会公益性の一端を表しています[20]。国や地方自治体といった行政セクターや民間企業のみに頼るだけの社会政策には限界があります。

　今回の震災を教訓にすると、スポーツが持つ社会公益性を普段から私たちの社会生活の中に取り入れるメリットは十分にあると考えられます。スポーツの力を最大限活用し、国のスポーツ政策をより効果的に進めることによって、日本の社会全体がさらに成長し豊かになることを期待しています。

【注】
1) Kirstin Hallmann and Karen Petry (Editor), Comparative Sport Development - Systems, participation and Public Policy, The Springer Science and Business Media, 2013. この本は、世界24か国のスポーツ政策について、①スポーツ振興体制、②スポーツクラブ、③スポーツ振興のための財源、④スポーツ政策、⑤スポーツ参加動向の5つの観点から、比較分析を試みたものである。筆者（黒須）は、「Chapter 15　Japan」の章を担当し、「東日本大震災とスポーツの力」を含め、日本のスポーツ政策の動向について執筆した。
2) 24か国は、ベルギー（Belgium）、エストニア（Estonia）、フィンランド（Finland）、フランス（France）、ドイツ（Germany）、ハンガリー（Hungary）、アイルランド（Ireland）、オランダ（The Netherlands）、ポーランド（Poland）、ロシア（Russia）、スペイン（Spain）、イギリス（UK）のヨーロッパ12か国とヨーロッパ以外の次の12か国の事例が紹介されている。イスラエル（Israel）、中国（China）、日本（Japan）、インド（India）、オーストラリア（Australia）、ニュージーランド（New Zealand）、南アフリカ（South

Africa)、ウガンダ（Uganda）、メキシコ（Mexico）、ブラジル（Brazil）アメリカ（USA）、カナダ（Canada）である。
3) 2013年9月7日、ブエノスアイレスにおいて、2020年オリンピック・パラリンピック競技大会の開催地が、1964年の大会以来、56年ぶりとなる東京に決まった。このことは、単にオリンピック・パラリンピックを開催するということだけではなく、我が国がスポーツを通じて元気な日本に変革していく大きなチャンスとして、国民一人ひとりが生涯にわたってより一層スポーツに親しむことができる環境をつくるとともに、東日本大震災からの復興を着実に推進することにつながるものと思われる。

【参考文献】
1) 中村民雄，2007，今、なぜ武道か～文化と伝統を問う，ベースボール・マガジン社，pp.62-68.
2) Uchiumi, K., 2011, 13 Japan. In M. Nicholson, R. Hoye, & B. Houlihan (Eds.), Participation in Sport – International policy perspectives (pp.209-222). London: Routledge.
3) 笹川スポーツ財団，2012，スポーツ白書～スポーツが目指すべき未来，p.192.
4) （財）日本スポーツクラブ協会，2000，平成11年度地域スポーツクラブ実態調査報告書.
5) 黒須充，2002，地域スポーツの未来を考える，NPO法人クラブネッツ監修，黒須充・水上博司編著，ジグソーパズルで考える総合型地域スポーツクラブ，大修館書店，pp.1-10.
6) 黒須充編著，2007，総合型地域スポーツクラブの時代　第1巻―部活とクラブとの協働，創文企画，pp.10-26.
7) 笹川スポーツ財団，2012，前掲書，pp.59-61.
8) 諏訪伸夫，2011，第2節　スポーツ財政，菊・斎藤・真山・横山編，スポーツ政策論，成文堂，pp.49-60.
9) 笹川スポーツ財団，2012，前掲，pp.136-138.
10) 日本スポーツ振興センター，2012，スポーツ振興事業助成パンフレット，2012年11月.
11) 文部科学省，2011，スポーツ基本法（2011年法律第78号）.
12) 文部科学省，2012，スポーツ基本計画　2012年3月30日.
13) Okayasu, I., Kawahara, Y., & Nogawa, H. 2010. The relationship between community sport clubs and social capital in Japan. International Review for the Sociology of Sport, 45(2), 163-186.
14) 文部科学省，2013，体力・スポーツに関する世論調査，2013年1月.
15) 笹川スポーツ財団，2012，前掲書，pp.22-24.
16) 英『エコノミスト』編集部，2012，2050年の世界，英『エコノミスト』誌

は予測する，文藝春秋．
17）間野義之・黒須充・長ヶ原誠，2002，スポーツ新時代への提言，月刊トレーニングジャーナル4月号（No270），pp.10-14．
18）佐伯年詩雄，2012，スポーツ宣言日本〜21世紀におけるスポーツの使命〜，文部科学省，生涯スポーツ・体力つくり全国会議2012報告書．
19）司東道雄・黒須充・佐藤さくら，2012，NPO法人フォルダにおける被災地支援活動と地域コミュニティの再生，スポーツ産業学研究Vol22，No1，pp.237-244．
20）クリストフ・ブロイアー編著，黒須充監訳，2010，ドイツに学ぶスポーツクラブの発展と社会公益性，創文企画．

第2章

スポーツ組織と市民社会／地域社会
――スポーツクラブの歴史社会学

佐伯年詩雄

スポーツ組織と言えば、すぐにクラブや競技団体を連想します。確かにこれらはスポーツ組織の中核ですが、現代のスポーツ組織はこれに止まりません。アスリートの組織、ファンの組織、審判員の組織、メディアの組織、産業の組織、ジャーナリストの組織、スポンサーの組織等、スポーツの膨張に伴って実に多様化しているのです。こうした状況を的確にとらえ、分析し、課題や可能性を整理・検討するスポーツ組織論の専門家は残念ながらいません。その意味では私は役不足ですが、今日はクラブを中心にスポーツと社会の関係を歴史社会学的に論じてみます。

1　スポーツクラブの多様性

（1）元祖オールドクラブ

　クラブといっても本当に多様です。上は、テニスのウィンブルドン選手権を主催しているオールイングランド・ローンテニス・アンド・クリケット・クラブ、ゴルフのマスターズ・トーナメントを主催しているオーガスタ・ナショナル・ゴルフクラブ。こういうのはオールドクラブです。起源が大体100年以上前に遡るクラブが大半で、会員はみんな上流階級です。今でもウェイティングリストに4千人とか5千人とかが載っていて、会員になるのを待っていますが、会員の数は、基本的に増やしません。この前、オーガスタ・ナショナル・ゴルフクラブが、初めて女性を2人入れました。ライス元米国国務長官と実業家のダーラ・ムーアさんです。2人を初めて女性の会員としてマスターズが認めたのです。

　クラブの特徴は、両方とも会員資格に「特別な規定がない」ことです。つまり、爵位がいるとか、大金持ちでなければいけないとか、全然ありません。欠員が出て会員を補充する場合、会員を選ぶのは理事の投票です。十数名いる理事の全員の「○」がないとだめで、1人でも白票を入れたらだめです。それだけです。そういう仕組みで、会費がべらぼうに高いわけでもありません。一番大事なことは何かというと、「会に貢献してくれること、会のために時間を割けること」だけです。だから、テニスクラブの

メンバーだからテニスがうまいかといったら、全然関係ありません。でも、ウェイティングリストには有名人がずらっと名を連ねて待っています。それは、やっぱりブランドになるわけです。

そのクラブのメンバーになることは、グローバルな社交界での一定の地位を確立することで、クラブはそれによってパワーを高めるということです。だから、私がウィンブルドンに調査に行ったときは、某元米国国務長官がウェイティングリストに載っていて、「彼がメンバーになればクラブの影響力は確かに強くなるけど、全部に『○』がもらえるかどうかはわからない」と言っていました。

まず、こういうクラブは、最もトラディショナルなクラブで、会員の国籍は問いません。ある意味で言うとIOCと同じ体質です。

（2）労働者のクラブ

これに対して、サッカーに象徴される労働者のクラブがあります。ヨーロッパでは、労働者のクラブは大体労働組合が中心になって作られて、労働組合運動とクラブとは密接な関係がありました。そして、中産階級のクラブと長いこと対立していました。対立の根源にあったのは、アマチュア規定の問題でした。労働者はアマチュアではないという規定があったためです。また、中産階級のクラブがしだいに競技志向になっていったのに対して、労働者のクラブは、福利厚生的な意味で企業によって支援されたものも少なくないこともあり、競技で勝つことよりも、親睦とともに健康や体力への効用が重視されていました。

この対立が本格的に解消されるのが、フランスでも北欧でもそうですが、対ナチ（国家社会主義ドイツ労働者党）闘争で協力して闘ったことによります。だから、第2次世界大戦後にそれぞれの先進国でスポーツ組織が統一されるのは、ナチに対する戦いにおける連帯と言うか、協力でした。これで労働者のスポーツクラブも中産階級のスポーツクラブも垣根がなくなるという歴史を持っています。

(3) 政策支援の地域クラブ

　その後、1960年の西ドイツ（当時）のゴールデンプランをきっかけにして、政策的な大衆化のためのクラブづくりが始まり、そこで初めてクラブと地域という関係が密接に出てきます。それまでは、クラブと地域はほとんど関係ありません。地域社会とスポーツクラブが密接な関連を持つのが今から50年前のことです。スポーツの長い歴史を振り返ってもそんなに長いことではありません。当時は文明病や成人病と言われた生活習慣病が蔓延し始め、福祉政策との関係で医療費高騰が国家的な課題になり、健康なライフスタイルつくりのためのスポーツの大衆化政策が取られ、その中核が地域をベースにしたクラブつくりだったのです。日本のスポーツクラブ論は、多くのお場合、これをモデルにした限界を持っていますね。

　これにビジネスとして展開される商業的クラブが加わる。商業クラブといっても、いわゆるゴルフクラブとテニスクラブ、フィットネスは、みんなそれぞれの特徴があります。ですから、スポーツ組織自体が多様化しただけではなく、スポーツクラブといってもこれだけ多様性があります。これを一緒くたにまとめてクラブ論というかたちで語ることは非常に難しいですね。

2　競技会制度とクラブの発展

　こうしたスポーツ組織というもののコアにあったものは競技会制度です。近代スポーツまでは、はっきり言って明確なクラブみたいな組織がありませんでした。なぜかといったら、練習しないからです。練習して勝ちたいと思わなければ持続的で役割が確立した組織は必要ではなかったからです。それまでは、ほとんど社交だけです。社交というとおしゃべりや飲み食いが中心で、時々ゲームをする。だからイングランドの上流階級のクラブに行くと、コートはあるけれども、そんなにやりません。スポーツというのは、社交のつまみみたいなものです。社交が本当のメインです。ゴルフもそうです。打っている時間はほんの僅かです。打った球まで行く間

に一緒に歩いていくのが、ゴルフのエンジョイの中心です。それをいくつで入ったかとスコアを一生懸命数えるのは、これはもう違うゴルフになっているということです。

　こうした状況から、スポーツを中心にしてクラブ間の関係が作られ、組織化されるようになったのは、競技会制度が発達したからです。

　クラブの社交でやっていたスポーツが、「どうも隣もクラブができたらしいぞ。ちょっと交流会やろうか」というところから対抗戦が始まるわけです。負けると悔しい、負けないように練習しよう、もっと緊密に集まってトレーニングしようということが始まるわけです。クラブが増えてくると、それが対抗戦から地域選手権になって、全国選手権に広がっていく。先進国は大体こういうかたちで、クラブの対抗戦から地域等のテリトリーのチャンピオンシップを競うものになってゆきました。やっている人たちはみんな上中流階級の人たちですから、大したレベルの対抗戦ではありません。

　オリンピックの第3回大会までは上中流階級のクラブに招待状が送られていたのです。NOCはありません。それで、ほとんどがキリスト教徒だったから、いつも礼拝をしていたわけです。

　その後、第4回目のロンドン大会以降、国際的な選手権争いの典型的なモデルを作っていくわけです。各種目も世界選手権をやるようになっていきました。そうすると、国を束ねることが必要になって、その国の、日本体育協会とか日本オリンピック委員会というものが作られていきます。それがスポーツ組織のでき方の大きな流れになるわけです。

　ですから、クラブというものは、その過程の中で、最初は楽しむために集まっていたスタイルから、だんだん勝利を目指すスタイルに変わっていきます。それに帝国主義や国民国家主義などの政治的ないろいろな力が働いて、そっちのほうがうんとウエートがかけられ、勝つための頑張りをするスタイルになっていきます。

　そうすると、そうではないところはそこから離れていきます。そこから離れて、自分たちは自分たちのクラブライフを維持する。それが、今でも

残っているオールドクラブという伝統的なクラブです。そこは、もうナショナル・プレステージ（国威）とは関係ないわけです。

　だから、ウィンブルドンのテニス選手権大会をやっているときに、クラブメンバーは何をやっているかというと、自分のウィンブルドンのテニスコートでテニスをやっています。あんなものは見ていません。あんなものはと言うと失礼ですけれども、「あれを一生懸命見たがるのは、クラブメンバーじゃなくて、イギリスに来ている大使夫人だ」と彼らは言います。

　大使夫人が、「お父さん、行きましょう」と言って、それであそこが1つの国際的な民間外交のステージになるわけです。企業が全部ブースを持って、テントを張って、そこで接待をするようになっているわけです。そこに行くのが、イギリスに好感を持っている大使や公使の奥様方で、そこに行かないと、その社交界にデビューしないことになるわけです。そういう世界があるわけです。

　でも、ともかくこの競技会制度が、いわゆるスポーツの世界システムとして完成していきました。ですから、国別にテリトリーが作られて、20世紀は、そういう意味では、国民国家造りとスポーツ組織とが連携し合ってスポーツを発展させてきた時代です。

　その先に、さらに、今、プロスポーツ組織がもっと大きくなって、グローバルになってきています。イチローがヤンキースと2年契約で11億円です。このニュースが、国内のドラフトよりも大きなニュースになる時代です。海外の日本人アスリートがどこへ行くかがトップニュースになって、国内のアスリートの異動がセカンドニュースになります。それぐらいグローバルになっています。そうすると、スポーツ組織を考えたときに、今までは、アマチュアというイメージがあって、アマチュアのテリトリーの最後は国だったわけです。プロになると、はっきり言えば、もう関係ないわけです。卓球のベスト20の選手のほとんどは、国籍は違っても、DNAは中国人だと言われる時代になっています。だから、トップアスリートは、いわゆる「デュアスポラ」という言葉で呼ばれますけれども、もう国を持たない流浪の民であると。自分のパフォーマンスを評価してくれるところ

にどんどん異動すればいいという意味です。

　だから、そういう意味で言うと、プロの世界は、ナショナリズムをビジネスに使いますが、もうほとんど関係がないわけです。そういうところに今変わってきて、競技会制度も大陸間選手権とか世界クラブ選手権とかのところまで来て、いわば国の壁を越える本当の意味でのグローバリゼーションというものになってきています。

3　アスリートとグローバリゼーション

　そこに、スポーツの組織自体を考え直さなければいけない問題が出てきています。そうすると、国ごとに、種目ごとの組織があるのが今の正常なスタイルですが、そうではなくて、国を越えた組織が出てきます。そうでないと、例えば、アスリートの権利というのはどうなるのか。だから、アスリートの世界組織が考えられるかもしれない。あるいは、考える必要があります。だって、ガバナンスをしている人がグローバルですから、FIFAはグローバルな組織ですが、アスリートは、依然として国ごと、クラブごとに分けられています。これを取り払わないと、ある意味で言うと、例えば、経営者と労働者が対等の関係になれないということです。そういう問題も考えられるわけです。

　まだ現実化していません。でも、いずれ、こういうものが現実化してくるだろうと思います。

　例えば、今、IOCでも注目しているのは、アスリートのパワーです。注目しているというのは、同時に恐れているのです。IOC委員にアスリート枠を作って、吸収しよう、ガバナンスを働かせようとしているのは、そういうことの表れです。

　何といってもスポーツのパワーはアスリートです。アスリートがどう行動しどう生きるかが、スポーツの価値を大きく左右します。これは間違いのない事実です。だから、ものすごくアスリートを大事にしています。大事にするということは、そのアスリートが持っているパワーを活用するた

めに彼らと連携しなければいけないということです。

　そういう意味から言うと、スポーツ組織の、例えば、ブラジルのサッカーで言うと、ブラジルのサッカークラブというのは、クラブメンバーはあまりプレーしません。メンバーでない人たち、例えば、何とかジーニョとかたくさんのアスリートがいますけれども、あの人たちは、クラブに雇われているのです。

　日本のJ（リーグ）もそうです。ある意味で雇用されているわけです。契約が事業主関係かどうかはわかりません。昔は、クラブメンバーがプレーヤーでしたが、今は、クラブがプレーヤーをアスリートとして雇うわけです。そういうことであって、例えば、クラブメンバーが自分たちでやるパーティにアスリートを呼ぶときは、ちゃんと招聘状を出さないと呼べないわけです。呼べないというか、呼ばないわけです。

　だから、有名なアスリートがそのクラブのパーティにいつも出るかといったら、そうではありません。招聘状が来ないと出られません。そういう意味では、アスリートは、クラブメンバーから見るとすごく低い位置にあったわけです。

　例えば、IOCから見れば、オリンピックアスリートと言うけれども、そういうふうに見ていたわけです。その力関係が、今変わりつつあります。それはなぜかといったら、アスリートが自分でメディアを持つようになったからで、その典型がツイッターという仕掛けです。これは、IOCにとってはものすごく脅威的なことです。それで、ロンドンオリンピックからはこれを条件付きで解禁して、どういう使い方をしなさいと、アスリートをある意味で教育しているわけです。これは逆に言うと、それだけアスリートのパワーが強くなっているということです。かつてあったクラブメンバーと雇われ人の競技者という関係ではなくて、今や対等の関係になりつつあります。1つのスポーツ組織の中でもそれだけ大きな変化がここ数十年の間に起きてきています。

　ビジネスの世界は、これがもっと深刻です。それこそ、アスリートがどちらを向くかでチケットの売れ行きがどうなるか、あるいは放映権が設定

されるかされないかという問題になってきますから、もっと敏感にアスリートの価値を評価するようになってきています。

そうすると、こういう競技会制度を前提にした仕組みの中で、だんだんとマネジングする力がどこに移っているかというと、本当の主役と言うと悪いですが、本当の主役に移りつつあるということです。アスリートに移る、競技者に移りつつあるということです。ただし、複雑な問題がいろいろ絡んできています。

例えば、今回の三浦知良のフットサルの活用も、どこから出ているアイデアかと言えば、広告代理店等から出ているアイデアでしょう。それをサッカー協会に提案して、協会がそれをとりあげるという流れになっているわけです。コーディネートする力がそれぞれにどれだけあるかということが、実は、これから大きな問題になるわけです。そういう状況が出てきています。組織論で言えばフットボール（サッカー）とフットサルは別物です。フットボールは近代都市のゲームですがフットサルは現代都市のゲームです。人数もフィールドもそうですが、それ以上に組織スタイルが違っている。前者は固定的な「クラブ」、後者はフローするグループですね。この辺りをスポーツ組織論はしっかりとらえなければなりません。

これがスポーツ組織の現状です。これだけ変化の中にあるし、多様化しているということを理解してもらえればいいかなと思います。

4　市民社会論と地域社会論

（1）市民社会モデル

さて、もう1つの大きなテーマです。市民社会論と地域社会論です。これは既にどなたかがお話しになったかもしれませんが、日本の人は、実は、違うものを同じ土俵で語っているのです。「市民社会」イコール「地域社会」ではありません。シチズンという市民の存在はある種の身分で、だから、市民と住民を区別するわけです。ところが、日本の社会では、「市民社会」イコール「地域社会」という幻想が、特にスポーツ関係の人には

あるのではないかと。だけど、これは全く別のものです。

　まず、市民社会のモデルは古代ポリスです。民主政治の基盤にあったポリス、自立した市民、これが原形です。その次は、中世の自治都市で、ビジネスで作られた都市です。領主に関税を払わないで自由に貿易をやって、自由に交易を進められる権利を持った市民が集まった都市、これが市民社会です。この中世の自治都市と中世の地域（村落共同体）とは全く違うものでした。

　イタリアのフィレンツェとか、ベニスとか、ああいうところの自治都市、そして、ドイツのハンブルクとか、ベルギーのブルージュとか、そういう自治都市と、領主がいて領民を治めていた地域の村落共同体とは違う社会でした。フランス革命は、市民社会を求めた革命でした。だから、「自由・平等・博愛」というスローガンを出したのです。

　その大きな違いは何かというと、結局、脱地域モデルということでした。領主のフレームからはずれることは、領土を出ることです。領土を出て、自治都市に行って自由を得る。要するに身分から解放されます。身分というのは血のつながりです。これは、DNAのつながりですから、人間のきずなの最も初めにあったもので最も強いものです。

　人間の世界は、最初は血縁から作られていますから、母系社会でした。母親しかわからず、父親は誰だかわかりません。母と子どもの関係だけが明確な血縁を証明する手段だったわけです。だから、最初は母系社会だと言われました。

　そして、暴力が支配するようになると父権が確立して、男が強い力を発揮します。そうすると、母系とは違うかたち、つまり見える形で血の継続を重視するようになり、それが「家」です。家がだんだん横広がりにつながって、血縁から地縁へ、えにしのきずなが社会を大きくします。血縁、地縁と広がり、メディアが広がったことによって、人間の関係、その社会は大きくなりました。

　その次に人間の関係を大きくし、新しい次元をもたらしたのは何かというと、それが文化縁です。文化のえにしです。同じ言葉を使うとか、同じ

生活スタイルを持っているとか、同じ価値観があるとか、そういうものが次の社会のテリトリーを作ったわけです。

　血縁や地縁を離れて文化縁で結ばれたのがビジネス、商業だったわけですが、これが自治都市で、市民社会というものでした。つまり、身分を捨てて、血縁を重視せず、地縁を捨てて自由を獲得するため、これが市民社会の原初的なイメージです。だから、地域という地縁を基盤にして社会イメージを描くと、市民社会は、根本的に相いれない性格を持っています。

　でも、これは横並びの世界ではなく、重層的な社会ですから、地域社会の上に市民社会があると言ってもいいし、あるいは市民社会の上に地域社会があってもいいです。

（２）市民社会とスポーツ

　でも、日本で完全に欠落しているのは、この市民社会というイメージです。この市民社会をどう作るかというのが、実は、日本の近代以降の歴史のずっと大きな課題でした。

　逆に言えば、スポーツはそれにいかに貢献できるかです。スポーツというのは文化のえにしだから、文化のえにしであれば、ベースは、市民社会づくりに貢献できるはずです。

　でも、スポーツ基本法を見れば、そうはなっていないでしょう。あれは、はっきり言えば、「国が相変わらずリードする」と書いているのです。私は、「だめだ、だめだ」と言い続けましたけれども、結局は勝てませんでした。でも、基本法にはスポーツと市民社会論はない。基本計画もそうです。

　欠けているものは何かといったら、先進国のスポーツイニシアチブは、みんな市民社会が持っているということです。後進国は国がリードします。北朝鮮（朝鮮民主主義人民共和国）や中国（中華人民共和国）のような社会主義国をはじめ、新興国はほとんどがそうです。

　先進国の中でも経済的には世界第２位の、もう第３位になりましたけれども、威張っているこの日本という国は、でも、市民社会はありません。依然として、この市民社会というのは、はっきりとしたイメージで議論さ

れていません。

　先進的なヨーロッパで何を問題にしているかといったら、この市民社会が弱くなっているということを問題にしています。「社会というのは3つのシステムで、そのバランスが取れているときに健全である」と、ユーゲン・ハーバーマスというドイツの社会学者は言います。国家、政治の仕組み、市場、経済の仕組み、それと文化、市民社会、この3つが健全なバランスを持っているときにその社会は健全であると。

　ところが、現代は、市民社会が市場化されるか、福祉の名のもとに国化されるか、行政に頼って自分たちの社会づくりをおろそかにするのか。マーケットに頼って稼げば済む話にするか、そっちに傾いていると見るわけです。

　これが、ハーバーマスの現代に対する大きな問題提起です。これを、「公共性の構造転換」と言います。公共性の基礎は第一に市民社会にあるべきだというのが、ハーバーマスの提唱することです。

　例えば、スポーツ基本法でもそうですが、日本のスポーツはどちらに向いているかという問題をこのテーマで考えたときに、はっきり言えば、市民社会を見ていない、国と地域社会を見ているということです。それは、スポーツを血縁・地縁のフレームでとらえているということ。スポーツが文化であれば血縁・地縁のフレームからいかに抜け出せるかは1つの問題ですね。しかし地縁のフレームに関与してはいけないと言っているわけではありません。

　でも、日本のスポーツの体育的伝統の絡みもあるし、日本社会の大きな1つの課題は、文化をえにしとして自由に人々がつながるネットワークの強さというものを、現代にどういうふうに作れるかという問題です。別に言えば、スポーツの世論をどう作れるかです。

　スポーツには世論がない、だから票にならないと散々言われます。スポーツ議員は何百人といますけれども、スポーツの「ス」の字についてまともに勉強したことがない議員ばかりです。「スポーツなんて」という感覚、「たかがスポーツ」という感覚です。

スポーツ基本法の議員勉強会で本当に散々言いました。あれは議員立法ですから、「あなたたち、法律を作る責任というのはどういうものかわかるか」と言いました。本当にそこから始めます。法律を作るということにはものすごく大きな責任があります。法律は、国を縛ります。人も縛ります。

　その権利を持っているのが国会議員だから、「スポーツの法律を作るのであれば、最低限、平凡社の百科事典でいいから、『スポーツとは何か』くらい読んできなさい」、こう言いました。それぐらい勉強しないで法律を作ってしまいました。

　こうした問題はスポーツ界にも世間にもあります。例えば、基本法ができたことを日本のスポーツ界はどう受け止めているかというと、みんなは、基本法ができたから、何かいいことをしてくれるのではないかと思っています。基本法ができたから、スポーツは権利になったと。権利になったら、スポーツに関係することは要求することで請願することではない、お願いに行くことではありません。基本法の唯一の利点はそこです。

　あそこで、スポーツの定義については難しい問題がいっぱいあって、私も大反対ですが、少なくとも、「スポーツを通じて幸福を追求し、健康で文化的な生活を送る権利がある」ときちんとうたいました。あれをうたった以上、スポーツに関する事柄は要求です。権利行使の要求です。

　だけど、多くのスポーツの人たちはそう考えていません。基本法ができても、基本法ができたら、多分、お金が取りやすくなっただろうくらいにしか考えていません。だから、今は陳情です。誰か議員を通じて陳情すれば、もっと出やすくなったのだろうくらいしか思っていないけれども、基本法の大きな意味はそんなところにあるのではなくて、あれは、権利としてスポーツを認めたということです。それが、スポーツに関することは権利行使の要求になるということです。

　だけど、残念ながら、そういう感覚はありません。みんなは、何かいいことが上から下りてくるのではないかと思っているけれども、そうではありません。権利を行使するということは、それなりの責任を自分で持ってやるということです。だけど、そういうふうになかなかなりません。

私はおだてるわけではありませんが、クラブネッツは、そういう意味では新しい組織論の先駆けの1つだと思います。ネットワークでいこうというこういうスタイルが、実は、これからの非常に重要な点です。
　この春にドイツへ行ってびっくりしました。「ドイツの子どもはスポーツクラブに行かない」「何でですか」「学校が4時まであるようになっちゃった」「何でですか」「OECDで、日本と同じように算数の成績が悪い。だから」。ドイツも技術立国ですから、あそこも資源がないから、植民地を求めて、日本とイタリアと3つで第2次世界大戦を起こしたわけです。だから、技術立国です。
　それで成績が下がってしまったものだから、小学校が4時まで授業があります。だから、子どもはクラブに来られません。クラブが学校へ行きます。クラブの指導者が行って、学校で子どもたちを集めてスポーツをする逆転現象になってしまいました。だから、学校の施設を充実しなければいけないとなってきています。それぐらい大きな変化がドイツでも起こっています。
　若い人たちは、「クラブの約束事に縛られるのは嫌だ」と言って、年を取ったら、「餓鬼の面倒を見なければいけないとか、とんでもない。金を払えば、できるとこがある」と。
　若い人たちの現代のライフスタイルに合ったスポーツというのは、スポーツクラブでできません。スケートボードとか、誰か指導してくれる人がいるかといったらいないし、やるところがあるかといったらありません。クラシックな相変わらずの種目です。だから、だんだん離れていったのです。
　クラブはもう必死です。必死で学校に行って、「もう青少年じゃ遅い。児童でなきゃだめだ。クラブに愛着を持ってもらうには児童。もう青少年なんかだと遅い」と言い始めています。
　それくらいの状況があって、びっくりしたことには、日本と同じで、中間層が上下に分かれてきて、共稼ぎが増えています。だから、親も学校で過ごしてほしいと思うようになり、クラブに連れていくお母さんはいなく

なりました。共稼ぎが増えて子どもは何をしているかというと、放っておけばゲームとジャンクフードを食べるので、肥満が多くなっています。ドイツ社会の最大の悩みは何かといったら、子どもの肥満です。

スポーツをしないでゲームをやり、食べる物は油物です。だから、子どもにスポーツを勧めるキャンペーンが、CSR（企業の社会的責任活動）として盛んに行われています。そういう時代なっています。本当にびっくりするぐらいです。あのスポーツ大国のドイツでと思うけれども、それが現実になっています。

そうすると、従来型のスポーツ組織ではなかなか現代的なライフスタイルをカバーできません。そういう問題が結構いくつか生まれてきています。こういうものにどう対応してしてゆかなければならないか。

だから、地域の人々の暮らしに根差したカルチャーとしてのスポーツというイメージと、スポーツクラブが持っている、文化を縁にした人のネットワーク、そういうものの大きなずれがだんだん出てきつつあるように思います。

（3）地域社会論とコミュニティ・スポーツ

地域社会論というのを、これもわけがわからないと言ったら、専門家がたくさんいるから、諸先生には怒られてしまいますけれども、コミュニティというのは、明らかに、戦後、日本に入ってきたコンセプトで、アメリカ（合衆国）の地域社会モデルの言葉です。簡単に言ったら、「作る地域社会」という考えです。「ある地域社会」ではなくて、作る地域社会、アメリカはそういう国です。

アメリカは、もともと200年ぐらいの歴史しか持っていない移民の国ですから、来た人たちがそこで社会を作るわけです。地域を作るわけです。だから、まず、教会を建てて…、教会の礼拝がなぜ必要か。そのために人が集まるわけです。人が集まって、そこで交流が生まれます。

そうすると、教会が、最初はお祈りだけをしていたのが、パーティをやるようになって、スポーツを一緒にやるようになります。それで地域がで

きあがってきます。だから、アメリカのコミュニティというのは、作っていく共同体というイメージです。

　日本は、戦後にその影響をうんと受けたけれども、日本にはもっと前から地域社会がありました。それが、アメリカから来た連中から見ると封建的だと、封建的で古い因習をいっぱい持っている。これを解体しないと、いい市民社会に向かっていく地域づくりができないよ、民主国家になれないよというものが、戦後に入ってきたわけです。

　それで、そういういわば革新派と言ったらいいかわかりませんけど、アメリカ流のコミュニティ論を、これからの日本の地域社会づくりにどんどん採り入れなければいけないという、実際にそういう運動がありました。「4H運動」とか、こういう食べ物を食べていたらいけないよと、近代栄養学に染められたところがあります。

　そしたら、やっぱりたんぱく質はごまが一番いいと、最近になってまた逆に言われて、古い食生活のほうがよかったと見直されていますが、そういう時代があったわけです。戦後の1つの大きな流れの中で、コミュニティを作る地域社会論というのが入ってきて、それが民主主義の錦の御旗を持ってきました。

　コミュニティ・レクリエーションというコンセプトも付いてきて、結局、今の文科省は、それを地域のスポーツ推進のモデルとして採り上げたわけです。だから、そういうもともとある村落共同体の伝統的な催しとか、行事とか、そういうものとバランスよく配合しようという考え方はありませんでした。来たときから、古いものはもうよしましょう、新しいものをやりましょうと。だから、なかなか根付かないのはしょうがないです。そういうかたちで来たところに、地域スポーツクラブを作らなければいけないという命題が何回か繰り返して出てくるわけです。

　最初のコミュニティ・スポーツ論は、本当に出稼ぎ時代の地域の荒廃を何とかしなければいけないと。そのときに、本当は、地域にあったものをもっと復活すればよかったのですが、アメリカに洗脳されていましたから、アメリカ流のコミュニティ・レクリエーションのスポーツ版を作ろうとし

たわけです。

　もちろん、ものすごく封建的な現実もありました。今でも覚えていますけれども、私が大学院を出てすぐに、私の先輩で、黒須さんの先生でもある粂野豊さんという、まだご存命ですけれども、「みんなのスポーツ（全国）研究会」という全国組織をずっと担ってこられましたが、その方が文部省におられて、先輩で専門官でした。

　先生は、社会体育の基本計画を作られました。それがやっぱりコミュニティモデルで、それのための全国調査に、私は大学院を出てすぐ秋田県へ行きました。秋田県の某町へ調査に派遣されましたが、びっくりしました。

　農家にインタビューに行って、お嫁さんに会って話をしました。30過ぎぐらいのお嫁さんに、「どうですか」と。そうすると、「教育委員会からの、『バレーボールがあります』というチラシが待ち遠しい」と言うのです。「そんなにバレーボール好きなんですか」「バレーも楽しいけれども、家を出られるから」というのです。家を出られる、それはお役所から来た紙だから、おしゅうとめさんに許可をもらえるというわけです。

　これがビジネスの紙だったら全然だめです。お役所から来た紙だから、おしゅうとめさんが、「行っていらっしゃい」と言ってくれると。それを聞いて、本当にびっくりしました。ああ、これが日本の社会だと、それほどびっくりしました。

　そして、また別な農家の主婦に会って話を聞いたら、「私たちは、まだ40過ぎまでは、自分財布はないんです。自分にはお金は一銭もない。もらえないと外出はできないんだ」と言われました。つまり、おしゅうとめさんが財布を持っています。また、自分かまどという、自分のかまどもありません。自分の料理も作れません。おしゅうとめさんのお手伝いをするだけだと。だから、村落共同体という伝統があったといっても、現実には、そういう非常にネガティブなものももちろんあったわけです。

　これは、「A」か「B」かという選択の問題ではない。こういう選択をすること自体が間違っている。そういう社会に、スポーツだ、コミュニティ・レクリエーションだといってばーっと入れたって、それは、お役所が頑張

っているときだけ付き合ってくれるので、手を引いたら、みんな死んでしまうわけです。そういう現実があったわけです。

　でも、そういう意味で言うと、もうだいぶ変わってきました。農村と都市の区別もライフスタイルの中でほとんどなくなったし、この30年、40年の間にものすごく大きな変化が、日本のいわゆる地域社会にも起きているわけです。

（4）変化する地域社会〜道州制やグローバリゼーション〜
　そういう状況の中で、片一方では道州制の問題も言われているわけです。もしも道州制に賛成するなら、スポーツ組織は、組織なりの道州制論を作らなければいけない。でも、スポーツでは誰も発信しません。スポーツにとってどういう道州制がいいのか、日本という国の中で、スポーツで資源を見たときに、どういう組み合わせが一番バランスよく分配できるのか。例えば、そういう地域社会論を持たないと、何々町の何々村の何々だという、そういう地域社会論ではもう遅いだろう。既存の枠組みでは遅れていくわけです。

　だから、地域社会論でも道州制の問題を制度論のレベルで考えないといけない。ほとんどの人はそう言っているわけですね。もっと地域が自治権を持たなければいけないし、税の徴収権も地域が持っていいはずです。

　実は教育のお金は、半分は国で、半分は地元です。教師の給料もそうです。だけど地方の時代と言いながら、日本の地域は、優秀な生徒はみんな外へ出します。出来のいい人ほど都会に送ってしまいます。人材が重要だと言いながら、いい人材はみんな東京に送ったり、大阪に送ったりします。

　だから、東京都が韓国（大韓民国）と同じぐらいGNPがあると威張っても、どこから来ている人材ですかといったら、みんな地方から来ています。いい人材をそこに集めているわけです。もう20年も前に地方の時代と言いながら、いまだにそれを変えません。地方の時代だったら、一番いいのは地方に残しなさい。2番目を外にやりなさい。これで本当の地方の時代になります。

人材が大事だと言いながら、お金を半分ずつ負担しているにもかかわらず、上から10番目ぐらいまで、いい者はみんな、そうでしょう。それで、「私のところは、東大に何人送った」と、県立何とか高校の自慢をしているわけです。いまだにそういう教育システムをやっているわけです。

だから、地方の時代とか地域社会だと言いながら、なかなかそれが生活感覚としてなじんでいません。道州制と言いながら、建前で話題に出ているけれども、本気でやりたいのかというとあまりないわけです。スポーツの世界でも同じことです。もし、地域社会論の中でこれからのスポーツの在り方を本当に考えようというのであれば、こういうテーマをまともに見ていかなければいけません。

昔、広島大学の新堀さんという人が、「日本の体育・スポーツ地図」というのを書きました。ああいうものが必要です。あれを見ると、大相撲の力士は、何々県からどれぐらい出ているかというのが書いてありました。それは、実は今も必要です。例えば、国際クラスのグラウンドは、日本の全国の中にどう散らばっているのか、体育館はどうなのか、障がい者スポーツの施設はどうなっているのか。だって、どこもこれの見取り図を持っていないわけだから、トータルのデザインができるはずがないでしょう。どうしたらいいか、道州制といっても、その資料1つすらきちんと持っていません。

こうやって言うと自分に返ってくるから、あまり言いませんけれども、実は、こういうことをきちんと研究者がやっていないことが問題です。

ですから、地域社会論の難しさの1つは、やっぱり「近代化」というフレームを抱えているわけです。昔の村落共同体のような、いわば本当に運命をともにする共棲的な、共棲というのは棲まいという意味ですが、共棲的なライフスタイルを地域で持ち続けるイメージなのか、もっとコミュニティづくりのようなイメージなのか。これは、結局は近代化の問題です。だけど、現在のライフスタイルはもう近代化どころではなくなってきているという問題があります。

この重層的につらなっている3つの生活の仕方、ライフスタイルと言

います。それぞれがそれぞれの部分にこの3つのライフスタイルを持っているわけです。これを、スポーツはどう貫けるか、あるいはつなげるか。こういうことが大きなテーマになります。

　あまりおしゃべりしているとディスカッションの時間がなくなってしまいますけれども、今問題にされている、そういう意味での政策的な地域再編成というのは、道州制も1つはそうです。コミュニティづくりも、作っていく地域社会としてのコミュニティというイメージもそうですが、そこには政治というものがやっぱりあるわけです。

　テリトリーをどう編成して、ガバナンスをどう作り出していくかという、政治の課題と、人が生きるという課題が、いつも擦れ違うところがあります。生活課題と政治課題は必ずしも一致しません。

　それは、今の選挙を見ればわかるでしょう。どの党も言っていることはほとんど違わないように思いますが、政治の世界で言えば、あれだけ違う党ができてしまいます。党利党略ということは言いたくないけれども、政治的なビジョンとか、政治的な理念をあまり議論しないで、緊急課題にどう対応するかという対処療法的なところでつながったり分かれたりしています。

　そういう政治課題という権力者・政治家にとっての課題があって、それと、本当に政治が取り組まなければいけない人々の暮らしの課題があります。それが生活課題です。これがうまく一致しているところが本当の民主主義の政治です。これをいろいろちょろまかされたり、ごまかされたり、あるいは特定の利害が国民的な利害にすり替えられたり、政治課題と生活課題をいろいろごちゃ混ぜに混ぜ合って、上手に見せていくという政治手法です。そうすると、地域主権論というものの中で、この地域主権論というものが実態を持って、本当に生活課題として引き受けられるためには何が必要かということです。

　政治家が道州制がいいと言うからいいと考えるのではなくて、道州制というものがどういう新しい生活やライフスタイルや暮らしのイメージを作っているのか、その中でスポーツはどうなるのかということをまともに考

えることが必要です。

　少なくともスポーツはどうなるのだろう。自分たちの生活課題を担うものの1つとしてのスポーツは、今の都道府県制度から道州制に変わったら何が変わるのだろう。何がどうなるのだろう。こういう問題を考えていかなければいけないわけです。

　これは、また同時に、例えば、田舎の村でも、インターネットをやれば、すぐにアルゼンチンのどこどこ村とつながる時代です。市長がネットが好きであれば、いろいろやって、アルゼンチンなり何なりに、「仲よくしませんか」とやると、姉妹都市は簡単にすぐできますが、今までは、国際外交と言っていたわけです。

　私は1998年の神奈川の国体をデザインしましたけれども、そのときに知事をやっていた長洲さんがいました。もう20年ぐらい前になりますが、長洲さんは、「もうこれからは民際外交、国際じゃなくて、民が民と直接手を結ぶ外交の時代だ」と言っていました。

　もう現実はそうです。こういうグローバルな可能性が開かれている時代に、地域でくくるということがどれぐらいのメリットがあるのか。片一方では、これもまた考えなければいけません。暮らしの範域が広くなります。インターネットでアルゼンチンの毛皮もすぐに注文できる時代になったわけです。もうどこどこの貿易会社を通じて、どこどこの何とかとやらなくても、アルゼンチンから輸入すれば、ちゃんと関税がかかって輸出料もかかってすぐに入ってくる時代です。それは、逆に出せるということでもあります。そういう時代になってきます。

　そういう時代になってきたときに、やはり「地割り」というものが、私たちの暮らしの中でどれぐらいの意味を持ち、意味を担っていくべきなのか。スポーツは、それにどういうかかわりを持てるか。これもまた、グローバルな社会になったときの問題です。それは、同時に市民社会の問題でもあるわけです。

5　スポーツ組織の可能性

　グローバリゼーションの1つの特徴は、NGOが国際的な影響力をすごく強く持つようになってくるということです。緑の党もそうです。環境団体もそうですし、様々な国境を超えた医師団もそうです。NGO（ノン・ガバメンタル・オーガニゼーション）、非政府系組織です。国の組織ではない。国と国の付き合いではありません。民間の組織と民間の組織が、国境を越えてよい地球を作るために協力し合う態勢ができているわけです。

　そのNGOの最たるものが、皆さんもご存じのように国際赤十字です。国際赤十字と並んで、その最たるものが、実は国際スポーツ団体です。でも、スポーツ団体は、スポーツのためにだけしかやってこなかったわけです。これが、今、大きな問題にされています。

　コーポレート・ソーシャル・レスポンシビリティー（CSR）、日本では、これを企業の社会的責任と訳していますけれども、コーポレートというのは、正確に言えば法人です。法的な人格を認められている組織の社会的責任というのが正しい意味で、企業だけではありません。

　だから、IOCもCSRを考えなければいけませんし、FIFAもCSRを考えなければいけません。日本サッカー協会も、日本体育協会もそうですが、それが今の「スポーツを通じたソーシャルディベロップメント」というコンセプトの背景にあるものです。

「スポーツのことだけ考えていたら、こういう時代だから、認められないよ」と言われます。スポーツは、スポーツの発展を通じてどういう社会貢献をするかということがもう1つのテーマになってきているわけです。しかも、これは、グローバルなテーマです。今、法人格を持ったスポーツ組織は、企業と同じように、このCSR、社会的責任を、市民社会を構成する一市民としてその義務を果たしなさいという要求が出てきています。

　スポーツは、NGOとしての国際的な連帯をする大きなネットワークを実は持っているわけですが、残念ながら、まだそれを本当のCSRのため

に役立てていません。だから、今、IOC は焦っていろんなメッセージを流します。だけど、これがこれからのスポーツ組織を考えるときの非常に重要なテーマです。

　地域のスポーツ組織もすぐに NGO になれる時代です。それが、いつまで行政と結び付いているのか、これも大きなテーマです。もうぱっと離れて、国籍も関係なく、例えば、明日でも、インターネットを通じて、「どこか私たちと仲よくやるクラブはありませんか」と言えば、ばーっと来ます。すぐに連絡を取り合ってできるわけです。

　それで何か起きたときに、メッセージを流して、一緒に連帯して、「社会貢献をしましょう」と言えば、ものすごく大きな力になります。そういうネットワークをスポーツは長いこと、それこそ競技会を中心にして世界の隅々にまで作っているわけです。

　ただこれも、NGO だけれども、NGO に期待される仕事をしているかというと、まだそこまでいきません。でも、どこかから始まって、いずれ、国際赤十字と同じように非常に高い評価を受けるようになると思います。そのときには、EU に代わって、国際スポーツ団体がノーベル平和賞をもらえる可能性もあります。

　いくつかあります。パレスチナでオリンピックをやるとか、スポーツのパワーが本当にあると信ずれば、そういう思い切ったこともできないことはありません。でも、どちらかというと、政府に頼り、国に頼りというところから、なかなか抜け出れないところがあります。

　例えばスポーツ政策というと、ハーバーマスが、「市民社会が 2 つのものによって侵食されていく」と警告を発しています。スポーツ政策というのは、体力政策か、体育政策か、福祉政策か、いろんな意味があります。たとえそれが福祉政策であっても、必ずしも「ノー」と言う必要はありません。それに従えるかどうかではありません。活用するかどうかはまた別です。

　実は、それが、スポーツ振興法と基本法の大きな違いです。政策をどう考えるかといったときに、振興法の時代はみんな従っていたわけで、みん

な横並びです。都道府県といっても、「都道府県にスポーツ振興審議会を置く」と立派に書いてあるけれども、審議会がオリジナルな県の独自のプランを作ったことはありません。みんな待っています。今回もそうでしょう。文部科学省が基本計画を作ったから、みんな横並びで、それを見てまねしていくだけの話です。

これは、とてもではないけれども、これを期待して基本法ができているわけではありません。でも、依然として、みんなはそう思っています。

振興法を基本法に変えたのは、スポーツを権利にするために変えたのです。権利になったということは、さっき言ったように要求ですから、要求というのは、オリジナルなものを自分で計画して、それの実現を迫ることです。やってもらうことではありません。その代わり、その責任を負うのです。その両方から逃げるから…。

だから、政策に頼らずに、政策を活用するのです。政策を要求すること、それが、例えば、市民社会モデルにつながっていく1つのスポーツの在り方になるわけです。

6　スポーツをえにしにした資本、グローバルなネットワーク

だいぶ疲れてきましたから、もう少しで終わりたいと思います。20世紀後半の最大の社会学者と言っていいですけれども、ピエール・ブルデューという人が、社会学者で本当にまともにスポーツを論じた人です。ほかの人はお遊びと言ったら失礼ですけれども、何かのついでにスポーツに触れていますが、ピエール・ブルデューという人は、スポーツをまともに採り上げた社会学者です。それだけスポーツが重要だと彼は見抜いていました。

どういう意味で重要かというと、スポーツは人を結び付ける、彼は、資本という言葉を使いますが、「文化資本の代表的なものだ」と言います。この文化資本に様々なものがまとわり付いて、見えない社会を構築してい

る力がある、これは、ヨーロッパを見たときに間違いなくそうです。

　ヨーロッパの上流階級は、はっきり言って、ハプスブルク家の時代から国境がありません。それを「王朝インターナショナリズム」と言いますけれども、この人たちに国の利害はほとんど関係がありません。何々家の利害というのは、恐ろしいと言えば恐ろしいほど重視されます。

　私がイギリスでびっくりしたのは、イギリスの恐竜で有名なネス湖（ロッホ・ネス）の近くのパースという小さな町に調査に行ったことがありますが、そこで120年続いているハイランドゲームズという、イギリスの民族ゲームがあります。そこは2千人ぐらいの小さな町です。そのお祭りのときは、2万人に膨れ上がります。

　そこの町を出た昔からの血筋の人たちが、みんなそこに集まります。マクドナルド家とかそういう人たちです。カナダへ行っている人、インドに行った人、インドネシアに行った人、こういう人が、1年に1回の120年続いているパースの村の運動会に、何と世界中から来るわけです。

　その人たちが、あの特有のスカートをはいてきます。ジャージでレースに参加する地元の人を怒るわけです。「何だ、おまえたちは。スコットランドの伝統をどうしたんだ」と、移民した人たちが怒ります。そういうネットワークがあります。

　スコットランド人は、本国に600万人しかいません。でも、世界に3,600万人います。このネットワークが崩れないであります。

　そのパースのハイランドゲームズを主催しているのは、民間の団体の委員会です。その委員会のヘッドは、その人にインタビューしましたけれども、イギリス海軍の提督をやっていた人で、男爵としての爵位がある人です。インドネシアで生まれたと言っていましたが、グラスゴーのパブリックスクールを出て、海軍に入って、提督まで、少将までいきました。称号をもらって年金で遊んで暮らそうと思ったら、「族長から手紙が来た」と言うのです。族の長です。

　マクドナルドという名前の人でした。マクドナルド一族の長から手紙が来て、「おまえは、引退したらパースに行って、あそこのハイランドゲー

ムズの面倒を見なさい」と手紙が来たと、「それでここにいるんです」と言うのです。

　寒い北風が吹いて、本当によくこんなところで余生を過ごすなと思いますが、「いや、族長のお手紙ですから」と、こういうネットワークが依然としてあるわけです。

　私が強いと思ったのは、アメリカよりイギリスだとそのときに思いました。イギリスのネットワークは、それだけ世界に広がっているわけです。それは、中国の華僑も本当に強いです。

　私は、筑波でびっくりしたことが1つあります。それは、インドネシアの留学生と中国の留学生で、顔色が全く違います。私のところの学生は中国の留学生でした。女子の学生ですが、その人が、「卒業して国に帰るので、先生にごちそうしたい。友達を連れてきます」と言って、つくば市のある中華料理屋で会ったら、インドネシアの留学生が一緒で、この人も筑波大学の人ですが知らない人です。「どうして知っているの」、「同じ華僑です」と言うから、これにも驚きました。

　そういう意味では、中国の方もそうだけれども、イギリスの方も、本当に国際的な人脈をばーっと築いて、それを揺るぎないものとして今まで維持しています。けんかしたら大変だと思いましたけれども、本当にそういうものがあるわけです。だから、今、日本の人たちが、グローバルだ、グローバルだと騒いでいるけれども、イギリス人にしてみれば、スペインの艦隊をあそこで破ったときから、もうグローバルなのです。中国人はもっと前からグローバルです。そういうふうに世界を認識しているわけです。

　だから、国の政府が「A」から「B」に代わるのは全然関係がない。そういう大きなつながりを世界中に持ち続けているわけです。そういうグローバリゼーションの先輩の国々も片一方にあって、血縁がそれだけ広がっている世界も片方にあるわけです。

　また片一方では、言語が一緒だからといって一定のテリトリーを区切って決めているところもあるし、血がつながっているから、同じ宗教を信じているからということを中心にして集まってくるテリトリーもあるわけで

第2章　スポーツ組織と市民社会／地域社会

す。いろんなものがあります。

　では、スポーツはいったいどういうテリトリーを作れるのかというと、ブルデューが見たように、スポーツはものすごく汎用性のあるテリトリーを作れるというわけです。

　彼は、典型的にフランスの社会を取り出して言いますけれども、スポーツのえにしは社会のえにしだと、社会縁を作り出す、それが極めて重要な基本になることだと言います。

　私が、イギリスの階級とスポーツを調査するので、イギリスのポロクラブに…、ポロという競技があるのを知っていますか。小馬です。今はポニーですけれども、馬に乗って、ステッキで球を打って、サッカーグラウンドの3倍ぐらいある広さのグラウンドでプレーします。馬で走ったり止まったりしてやりますから、1ゲームで馬を3頭ぐらい乗り換えます。15分クォーターぐらいでやりますけれども、乗り換えないと馬がへばってしまいます。馬で走ってやりますから、コートはすぐにごちゃごちゃになります。だから、サッカーグラウンドぐらいの広さのグラウンドを、少なくとも3面ないとできません。つまり、大金持ちのゲームです。そこにインタビューに行きました。

　そこの牧場主で、ポロの馬を世話する人の娘さんが活躍しているのですけれども、「女子の世界ポロ選手権をやりたい」と言って張り切っているお嬢さんでした。何でこういうふうにやっているのかといったら、お父さんがオーストラリアに移民で行って大成功したのです。大牧場で大成功して、大金持ちになりました。

　この自分の娘をどうするかといったときに、パブリックスクールに入れなければいけないと。金はもう要らない、次は地位だということです。孫は、パブリックスクール出の男性とお嬢さんを良縁で結ばせたいということです。3人娘がいるのに男の子はいません。それを全部パブリックスクールに入れるために、イギリスに帰ってきてポロクラブを経営しているわけです。

　ポロというものを1つのえにしにして、パブリックスクールの卒業生

61

とつながって、それをえにしにして、娘をパブリックスクールに送り込んで、またポロの機会を利用してパートナーを見つけるという、簡単に言うと、そういう戦略をやっているわけです。先進国と言われながら、実態はまだそうです。そういうところがあります。

　ブルデューはスポーツ資本という言葉は使っていませんけれども、スポーツは様々な汎用性のある資本になって、結局は人のきずなを結び付けていく大きな力があるということです。まさにそういう意味では、ブルデューが「文化資本」と呼んでいるように、そこにスポーツの1つの大きなメリットがあるわけです。カルチャーである、共有できるものだ、言葉を超えられる。そういうカルチャーのえにしというものを重視する組織論と、住むこと、居住を重視する地域社会論と、どうやってうまく擦り合わせたらいいか。これが、これから本当に基本的なテーマとして議論しなければいけない、考えなければいけない問題です。どちらかを見ないで、どちらかだけを見てもうまくいかないということです。

7　21世紀のライフスタイルとスポーツ

　その次の「21世紀的ライフスタイル」というのは、今、これからどういうライフスタイルになっていくかというと、私の予想では、人は3つのフェーズを自分の人生の中に持つと。年齢で持つ人もいるし、そうではなくて、もっと短いサイクルで持つ人もいます。

　その3つとは何かというと、都市的な生活、文明を享受する生活です。それと、コミュニティ、地域です。同じ空気を吸い、そこでともに生活することをエンジョイできる生活、それと自然です。エコロジカルライフです。もうやっている人もいます。どこかに引っ込んで、時々都会に出てくるとか、都会にいるけれども、時々自然の中に行くとか、多くの人が大体この2つをやるようになっています。

　日本の社会は、そこで地域が結構抜けているところがあったわけです。それで、一生懸命地域づくりが政策的に進められることになるけど、こう

第 2 章　スポーツ組織と市民社会 / 地域社会

いう 3 つのフェーズを自分の人生の中に採り入れて生きる。簡単に言うと、農村型の定住ライフスタイルではありませんということです。

　土地を買って、自分の家を建てて幸せですという、「ああ、人生の夢がかなった」というのは、もう 20 世紀までの話です。そういうライフスタイルではない。遊牧民です。テントを持って動いたほうがいいというライフスタイルになっていくわけです。

　重い財産を抱えるより、移動できる財産でいいですよと。もう随分前から所有欲がどんどんなくなってきているわけです。ものが売れないと、持ちたくないから当たり前です。ものを持てば、面積を必要とするから家賃が高くなります。それならレンタルでいいという時代にどんどんなってきています。

　だから、ものが売れないのは、けちだからではありません。必要がありません。使うときにあればいい。だから、カーシェアということも言われているでしょう。家を共同で持つことも勧められています。そういうことになってくると、物が売れないから不況だと、だから、「物作りの経済から早く抜け出さないといつまでも不況だよ。日本の消費は上がらないよ。もっと文化や何かにお金を使うようにしないとだめだよ」と、スポーツも含めて言っています。インダストリアルエコノミーからカルチュラルエコノミーへ転換しないと、日本は物があふれているから、こんな小さな携帯 1 つになってしまったのだから。

　そういう変化を考えてみると、私は、「ニューノマド（新しい遊牧民）」と呼びますけれども、こういうライフスタイルがあります。そうすると、スポーツも少なくとも 3 つの種類をエンジョイするだろうと。

　1 つは、テクノ化されたスポーツです。都会で、真夜中に機械の上を一生懸命走っている人がいます。ああいうのは典型的なものです。メーターを見ていると、心拍数がいくつとか、カロリー消費がいくつと、それをエンジョイしているわけです。あれは、文明の利器を楽しんでいるわけです。それが 1 つのスタイルです。

　でも、その人も山に登りたいわけです。高尾山へ行って、「もみじがき

れいだ」と言ってみたいわけです。それは、エコロジカルスポーツでやります。

そして、願わくば、住んでいるところでコミュニティ・スポーツもエンジョイしましょう。時には、自分が地域社会に参加することによって、自分もその地域で生きて、地域のきずなを大切にして、地域のつながりが、時には助け合いになっていくという、そういう実感も持ちましょう。

これがどれぐらいうまくいくか、前の2つは間違いなくうまくいきます。文明化したスポーツと、エコロジカルスポーツと言いますけれども、アウトドアです。私は、3つを含めてこれからの理想的なスポーツライフのモデルができると思います。

そのときに、ネットワークはそれぞれ違って構わないわけです。これを全部トータルに、ある1つの組織でガバナンスしようという発想を持つから、みんな逃げてしまって、1つもうまくいかないとなるわけです。だから、フィットネススタジオでできる組織はそれでいいわけです。会費を払ってやっているのだから、別に、そこでエンジョイできるつながりでいいわけです。これが、下手をすると、古手の人やほとんど毎日来る人と、新しく来る人の間に溝ができるわけです。古手の人が、「いや、そんな扱い方したらだめだよ。バーベルはこうやって置かなきゃだめだよ」とか、うるさいわけです。

一方で、ビジネスのほうは顧客化という戦略を考えるわけです。定着した会員でいてほしい。でも、新しい会員も来なければいけないでしょう。顧客化戦略が行き過ぎると、今度はボス的な存在が出て、それを取り巻く人たちができて、これを「内集団」と言いますけれども、ある組織の中にセクトができて、新しい集団を排斥するわけです。新参者は行きにくくなります。

これはどこの世界でも起きるけれども、商業スポーツクラブでもそうです。結構、そういうものが起こります。一番上手なのはパチンコ屋です。パチンコ屋のマーケティングは実に上手です。スポーツ界は、まだそこまでいっていないから、パチンコで20兆円を使っても、スポーツは4兆円

しか使ってくれないわけです。これはマーケティングの問題です。スポーツ産業にしても、知恵がないのか、出てこないのかわかりませんけれども、なかなか動かないですね。

　というのは、21世紀を考えた場合に、このままいけば、現役年齢が80代の時代になります。幸か不幸か、90歳まで生きるようになってしまいました。現役年齢が、少なくとも80年あります。そうすると、70万という時間があります。70万時間で半分は睡眠等の必要時間、可処分時間35万時間を配分すると、スポーツに少なくとも7万時間は来るわけです。7万時間というと、週に16、7時間あります。時間配分から言えば、どういうライフスタイルがデザインできるかというと、毎週16、7時間働けばいい。16、7時間、社会貢献をするわけです。16、7時間、スポーツをして、16、7時間、学問をして、科学に親しんで、16、7時間、芸術をやればいいのです。そうすると、人生80年、現役年齢で70万時間が消化できます。

　時間というのは、ニュートラルな資源です。日本は、時間で言えば、世界一の資源国です。でも、時間は、それだけではニュートラルな資源、中立的な資源です。ただ長いだけでは負担になります。「長生きしてごめんね」となるわけです。これでは時間はネガティブ資源です。よく使えばいい資源になります。

　この話はよく使う時間デザインのイメージです。仕事が一番大事だと思っているけれども、時間から言えば、仕事は年間に1,500時間です。日本人は、今、1,700時間働いていますが、先進国水準は1,500時間です。ドイツ、フランスは、1,300時間の時代に入ったわけです。

　そうすると、40年一生懸命に働いても6万時間しかありません。もうちょっと長く働いても7万時間ぐらいしかありません。それと同じぐらい、実はスポーツの時間があるし、芸術をする時間もあるし、感動して、魂をよみがえらせる時間があります。

　星を観察したり…、昨日、流星を見た人、流星を見るときに、ただ見るだけではなくて、流星とは何かと調べたくなります。そうすると、知性

が磨かれるわけです。それにも7万時間が使えるわけです。そうすると、トータルに人間的な可能性を思う存分発揮して生きられます。

　スポーツは、人間性にとって掛け替えのない大切なものです。人間は動物ですから、動かなければ天が与えてくれた命の可能性を全部生ききることはできません。少なくともそれだけの天与の可能性を持って生まれたのだから、それを使うことは当然で、だから憲法で書かなくても、動くことは自然法による人間の権利です。動くことが洗練された文化になったときに、それをわれわれはスポーツと呼ぶようになったわけです。

　そういうことを考えて、これからのスポーツライフ自体がどうなるのか、スポーツ組織はどうかを考えることが必要でしょう。

8　総合型地域スポーツクラブの問題点

　日本の総合型スポーツクラブの問題点は、はっきり言えば、日本人のライフスタイルが総合的ではないという、これとの溝です。シーズンライフというのを知りません。雪が降ればウサギ狩りをするとか、前は、知っていました。それを1回壊したわけです。それを忘れて、学校がライフスタイルを作ったから、1年中同じ種目をやります。日本人のスポーツはそうなってしまいました。

　モデルが学校だから、学校は勉強だから、季節は関係ありません。生活は季節と関係があります。でも、学校文化として日本のスポーツは育ちました。学校スポーツがモデルになって、ライフスタイルが全部学校化されたために、ライフスタイルまで季節を忘れてしまっています。

　だから、総合型の一番大事な問題は、スポーツの力でライフスタイルが総合型になるように、これが最大の目標です。ライフスタイルが総合的にならなければいけない、つまり、例えば、シーズンをエンジョイするライフにならないと、シーズンスポーツを楽しめる生活は出てきません。

　このライフスタイルを総合型モデルに変えていく。そういう意味で、スポーツが先駆的な役割を果たせば、必ず成功します。でも、ライフスタイ

ルと切り離して、スポーツだけの問題で考えると、なかなかうまくいかないことがあります。

　先進国のクラブライフが何で総合型になったのかというのは、もともとライフスタイルがそういうものだったから、それをスポーツに持ってきたときにそうなるわけです。だから、欧米へ行っても、ニュージーランドへ行っても、オーストラリアへ行っても、いかに日本のスポーツが違う育ち方をしたかは一目瞭然です。ニュージーランドもオーストラリアも、馬に乗るのは当たり前だし、生活の一部です。乗馬は習いもしないで覚えてしまうとか、テニスはもう当たり前、スイミングも当たり前、その当たり前のうえに何かをやるのです。

　それが、日本はずっと長いこと、小学校の高学年になると、初めてバレーボールをやって、それをずっと生涯やり通してしまう。それが偉いと思ったりするわけです。違う種目をやり始めると裏切り者と思われたりして。このモデルを壊すのは、スポーツだけで考えてはだめで、もっとシーズンに応じたり、生活の状況に応じたり、人生を楽しむというライフスタイルがない限り、スポーツをエンジョイする本当の力は出てこないと思います。

9　インターネット時代のスポーツ組織

　さて、さっきもちょっと話しましたが、最後です。大学もそうですが、人の生活もそうです。メディアの進歩がものすごく暮らしを変えます。もちろん、メディアの変化に抵抗を示す消極的な人もいます。

　でも、私もびっくりしたのは、ローマ法王（ローマ教皇）がツイッターを始めたということです。こうやって、「皆さんを祝福します」と送ってきていますから、そういう意味ではすごいです。やっぱり時代は変わらざるを得ないと思います。

　こういう新しいメディアの時代に、スポーツはどういうネットワークを作れるか。これは、新しいスポーツ組織論の最大のテーマです。そういう意味では、クラブネッツはもう1つのモデルです。

ネットワークという新しい組織形態、クラブハウスがあって、コートがあって、いわばものとしての財産がそこにあるようなイメージで描けるスポーツの組織たち、それはウィンブルドンに行けばすごいですよ。ものすごい施設だし、オーガスタ・ナショナルに行ってもそうです。よくお金があったなと思うぐらいです。
　そういうイメージでスポーツ組織というものを考えるか、それとも、ネットを使ったコーディネーターがいて、必要に応じて、人々のスポーツ需要をコーディネートしていく、そういうネットワーク型の新しい柔軟なモデルを考えるか。もちろん両方あっていいわけです。どちらがあってはいけないとか、余計なものとかは言いませんけれども、でも、そういう時代に間違いなく来ているということがあります。
　私は、栃木県の那須塩原に住んでいますけれども、本当にびっくりします。今はマイナス10度ぐらいになりますから、とても寒いです。駅から車で帰ると、人が1人もいないようなところにフットサル場があります。普段、若い人はほとんどいないのに、どこから湧いてくるかわかりませんが、そこで若い人がやっています。フットサル場ができて、そこに夜間照明がついて、とても寒い夜なのにやっています。どこかで集められたというか、集まってきた人です。そういうものになっているところがあります。
　インターネットを使って誰かがコーディネートをします。あるいはマネジメントをして、そのときに、人の結び付きがわーっと浮き上がってきます。そこで何か責任を果たさなければいけないということはなくて、ものすごくそういうものに憧れたり、そういうものを求めている若い人が多いわけです。
　これにどう取り組むか。もちろんそれだけでなく、もっとつながりたいと思っている人も出てくるはずですし、そういうものをいかに共存させていくかです。こういう組織全体をうまくコーディネートすることが、これからは大きな仕事として出てくるのではないかと思います。
　フットサルについて聞いてみると、確かに競技をします。でも、何が重要かといったら、結局はコミュニケーションだと。私は、だいぶ前から、

「コンペティションがコミュニケーションの1つのスタイルになる時代になってきた」と言っています。

競技をします。ニューゲームの定義で使われる言葉で、「プレー・ハード」、「プレー・フェア、アンド、ノーボディー・ハート」という、これがニューゲームのビジョンです。「一生懸命プレーしないとだめだよ」、「フェアにプレーしないといけないよ」、それで最後にプラスになるのは、「誰も傷付かないということが大事だよ」ということです。これは、今までのコンペティティブスポーツになかったものです。
「プレー・ハード」と「プレー・フェア」はあります。「ルールを覚えなさい、フェアに戦いなさい」。だけど、最後は何かというと、「お互いをリスペクトしましょう」ということです。これこそがコミュニケーションの最も大切なことです。

例えば、ボクシングのチャンピオンが本当のチャンピオンであれば、負かした相手のプライドを背負うということです。それがチャンピオンの役目です。負かした相手をばかにするのは、自分がばかだと証明しているにすぎません。負かした相手のプライドを本当に背負ったときに、ベルトを巻く資格があると言われます。それはリスペクトするということです。それが、コミュニケーションの1つのスタイルとしてのコンペティションということです。

こういうふうにアスリートが賢くなると、だんだん変わってきます。アスリートの社会的な評価、アスリートに対する期待、こういうものが彼らをだんだん変えるわけです。日本の場合は、「3・11」の震災を契機にして、日本のアスリートは本当に変わりました。それは、自分たちがスポーツをやれるということがとても大事なことだと本当にわかったからです。やれる社会を続けなければいけないと思いました。そのためには、自分たちもスポーツを通じて貢献しなければいけないと、これを実感として持ったのです。これは、本当に願ってもない機会でした。それを自覚できるアスリートが出てきているということは、日本のスポーツ界にとってものすごく大きな進歩です。その意味で、未来は明るいですね。

第3章

スポーツ基本計画の策定を巡る総合型地域スポーツクラブ

山口泰雄

今回は、「スポーツ基本計画の策定を巡る総合型地域スポーツクラブ」というテーマをいただきました。最初に、スポーツ基本計画はどういうプロセスで策定されたかという政策過程を簡単に話します。次に、スポーツ基本計画の中における総合型地域スポーツクラブ（以下、「総合型クラブ」と略す）に焦点を当てて話したいと思います。最後に、これからの方向性というところでまとめたいと思います。

1　スポーツ基本計画の策定プロセス

　まず最初に、策定プロセスですが、ご存じのように、2011年にスポーツ基本法が公布され、「スポーツの振興に関する特別委員会」が発足しました。これは、中教審（中央教育審議会）の下にスポーツ・青少年分科会という組織があり、その下に特別委員会ができるという構造になっています（図1）。かつては、"保体審"と言っていた保健体育審議会がありましたが、保体審答申は、2000年の「スポーツ振興基本計画のあり方について―豊かなスポーツ環境を目指して―」が最後になりました。2001年に政府の省庁改編があり、文部省と科学技術省が統合され、文部科学省になりました（Ministry of Education, Culture, Sports, Science and Technology: MEXT）。また、体育局と青少年局が統合され、スポーツ・青少年局になりました。ここで、"体育"より、"スポーツ"が上位概念になったことは、大きな意味があります。中教審のスポーツ・青少年分科会には、スポーツ振興と青少年育成の2つのミッションがあり、特にスポーツに特化したテーマがある時は、スポーツ振興特別委員会が作られることになっています。

　会議の雰囲気は、お察しのとおり、非常に硬いです。硬いですが、実質的なイノベーションにつながる重要な審議もありました。2008年に、スポーツ財源をテーマにした「スポーツ振興投票特別委員会」が開催されました。これは何かというと、ご存じのように、toto（スポーツ振興くじ）助成が、ほとんどダイイングというか、売り上げがどん底で、助成金が1

億円を切り、危なかったところ、突如、BIG（ビッグ）が大ヒットしました。誰かわかりませんが、勝敗を購買者が予想するのではなく、コンピュータがランダムに予想することを考えた人は素晴らしいアイデアマンと言えるでしょう。

　BIGでスポーツ振興くじ助成が持ち直して、財源が増えてきました。では、どの分野に出していこうかということを特別委員会で審議しました。その時に、確か静岡県の清水市の教育委員会の方だったと思いますが、「toto助成の芝生化事業を学校のグラウンドに生かしてほしい」と要望しました。しかし、当時の事務局の文科省からは、「学校のグラウンドは、学校体育施設である。toto助成は、あくまで社会体育施設に出すものだ」という返事がきました。

　私を含めてかなり反論が出ました。「例えば、総合型クラブの拠点施設は、学校のところが多いじゃないか。文科省も中学校区を拠点にしてというように推進してきたんじゃないですか」など、いろいろな人が意見を述べました。

　議論の後に最終的には、学校施設でも地域のスポーツ団体が定期的に使っているところは認めましょうということで、現在のtoto助成は学校のグラウンドの人工芝生化事業にも助成されています。toto助成により、東京都の小学校は、随分、人工芝グラウンドが増えています。このように、霞が関・虎ノ門だけではわからない課題も審議されています。

2　スポーツ振興（推進）特別委員会における審議内容と策定プロセス

　次に、スポーツ基本計画ですが、全部で13回の審議が行われました。会議の議事録は、会議終了後、文部科学省のホームページにすべて掲載されています。かつては、政府のこういう資料は、"グレーインフォメーション"（gray information）と言って、灰色で関係者にしか入手できませんでしたが、現在ではウェブサイトを通じて、誰でも情報入手が可能にな

りました。

　この策定プロセスは2つあります。スポーツ基本計画は、最初の"骨子案"から"素案"、そして"中間報告案"になって、最終的に中教審スポーツ・青少年分科会の"答申"という名前が出た時は、涙が出るほど嬉しかったです。この審議会答申が2012年3月21日で、最終的に、3月30日付の官報（号外第74号 pp.210-226，2012）で「スポーツ基本計画」が告示されました。

　この策定プロセスは、実は、3月21日の「スポーツ基本計画（答申）」版の方の情報量が多く、ウェブサイトでダウンロードできます。この答申版には、どういった審議が何回行われてきたか、さらに、最終頁に委員の名前、所属が全部出ています。

　まず、特別委員会の開催が、2011年5月20日にスポーツ・青少年分科会で承認されました。同年7月25日に発足しましたが、第1回、第2回、第3回はどういうことを審議したかというと、2000年に策定された「スポーツ振興基本計画」を議論し、評価しました。

　この点に関しても、背景があります。2年前に、2000年に策定された「スポーツ振興基本計画」が10年で終わりました。その際、スポーツ・青少年分科会において事務局から説明がありましたが、『総合型クラブは、今、全国の市町村の70数％が立ち上がり、3,000クラブくらいになりました』とか、いいことしか言いません。『ちょっと待ってください。10年間やったことを、良いところだけじゃなくて、問題点、課題点、こういったところをもっと深く分析・評価すべきじゃないですか』と発言しました。そうした背景があって、この3回は、「スポーツ振興基本計画」のいわゆる現状、成果、問題点といったものを議論し、整理しました。

　2011年9月22日に文部科学大臣から中教審スポーツ・青少年分科会へ諮問がありました。実は、法律の裏づけがあり、スポーツ基本法の第3条に「国は、スポーツに関する施策を総合的に策定し、及び実施する責務を有する」とあり、具体的には、第9条に「スポーツ基本計画は文部科学大臣が定める」と明記されています。第9条第2項には、審議会から

第3章　スポーツ基本計画の策定を巡る総合型地域スポーツクラブ

意見を聞くとあり、審議会に対して諮問を行うというプロセスになっています。

文部科学大臣からの諮問があったのが、7つの諮問事項です。スポーツ基本計画においては、諮問事項が出てきた段階で、既にアウトラインはほぼ決まっていると言えます。この諮問事項に沿って、現状と課題、政策目標・数値目標、そして具体的施策を審議するのが特別委員会のミッションです。

ただ、諮問事項の文章はかなり長く、いわゆる「等」がいっぱい入っています。他にも、文部科学省の文章を見ると、「等」がやたらと多いことがわかります。「等」が入ると何でもオールマイティで、言い訳ができ、その他のすべて含めることができるのです。1つの諮問文章中に「等」が2つも出てきたりするのもあります。

第4回委員会からは、枠組みの構築ということで、全体構成の在り方を議論し、スポーツ関係団体のヒアリングを17団体から行いました。表1は、17団体のリストで、2回に分けて行いました。約10分のプレゼンの後に、委員からの質疑という形で進めました。

特別委員会の委員長になった時、自分のミッションは何かと考えました。先ほど言ったように、文科省の審議会の会議はすごく硬いので、滑るジョークをちょっと言ったり、できるだけ話しやすい雰囲気を作る、議論を活

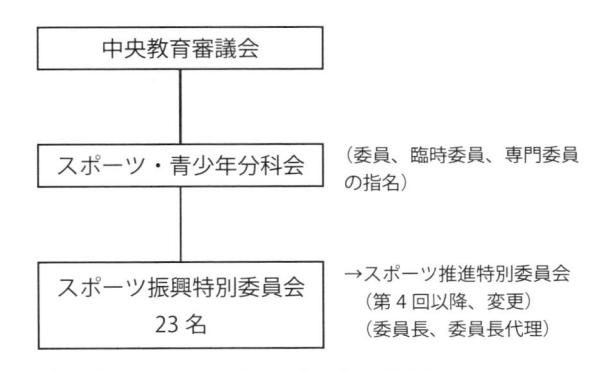

図1　中央教育審議会スポーツ・青少年分科会の組織図

75

表1　ヒアリングを行ったスポーツ関係団体

① 公益財団法人日本アンチ・ドーピング機構
② 一般財団法人日本スポーツ仲裁機構
③ 公益財団法人日本オリンピック委員会
④ 公益財団法人日本体育協会
⑤ 総合型地域スポーツクラブ全国協議会
⑥ 社団法人全国体育指導委員連合
⑦ 公益財団法人日本レクリエーション協会
⑧ 財団法人日本障害者スポーツ協会
⑨ 一般社団法人日本パラリンピアンズ協会
⑩ 社団法人日本体育学会
⑪ 公益財団法人日本中学校体育連盟
⑫ 財団法人全国高等学校体育連盟
⑬ 財団法人日本武道館
⑭ 公益財団法人笹川スポーツ財団
⑮ 全国体育系大学学長・学部長会
⑯ 日本臨床スポーツ医学会
⑰ 日本スポーツ歯科医学会

発にする、活性化する、これが私のミッションではないかと考えました。そのねらいはある程度成功しましたが、意見がどんどん出るようになり、2時間で終わらなくなりました。最後は、2時間半に審議時間を延長しました。ただ、委員長を務めてつらかったことは、委員長は率先して意見を言うことはできないことです。私は、割と率直にストレートに話すことが好きなんですが、自分の意見を全面的に展開できないことが委員長職の制約でした。

　第8回、第9回で全体像を整理して、第10回、12月22日に中間報告案が出ました。最初は骨子案、素案、次に中間報告案というように名称が変わっていきます。1月27日に中間報告案をまとめてから、パブリックコメントに入りました。パブリックコメントは、文科省のウェブサイトを通して1月31日から2月24日まで出しましたが、関心が非常に高く、全部で167通届きました。コメントの内容は、分野ごとに整理され、審議されました。このパブリックコメントによって、高校における体育や部

活動に関する記述が抜けていたことなどがわかり、校正しています。最終的に、2月21日が最後の第13回特別委員会になりました。

　特別委員会の名称が、"振興"から"推進"に変わっています。最初は「スポーツの振興に関する特別委員会」だったのが、途中の第4回から「スポーツの推進に関する特別委員会」に変わりました。長いので図1では「スポーツ推進特別委員会」と書いていますが、正式名称は、「スポーツの推進に関する特別委員会」です。これは、スポーツ基本法の影響です。ご存じだと思いますが、スポーツ基本法とスポーツ振興法をじっくり読むと、言葉の使い方がちょっと変わってきています。"推進"という言葉が、かなり多く出てきます。かつての体育指導委員は、"スポーツ推進委員"に名前が変わりました。これは、スポーツ振興法が1961年から50年経過し、「スポーツの振興は大体ベースができた。そのベースの上に、さらに新たに推進するんだ」というニュアンスがあるようです。かといって、振興がなくなったかというとそうでもありません。ただ、文科省の中の組織がだいぶ変わり、2011年4月に、生涯スポーツ課がスポーツ振興課に変わりました。ですから、全く消えたわけではなく、スポーツ振興という意味も存在しています。

　スポーツ基本計画の報告書の中には、「用語の補足説明」が入っています。
　そこには、"クラブマネジャー"、"スポーツ推進委員"、"スポーツツーリズム"、"スポーツドクター"、"スポーツ・レクリエーション活動"、"地域スポーツコミッション"、そして"デュアルキャリア"の7つです。例えば「地域スポーツコミッション」は、審議の最終段階で出され、スポーツツーリズムの推進のための地域レベルの連携組織の名称として近年、用いられるようになっています。全米スポーツコミッション協会というのがあります。これは何かというと、スポーツ団体で合宿とかキャンプあるいはイベントをしたいという場合、スポーツ団体と観光業界あるいは施設を結び付けて両方を調整するところです。これがスポーツコミッションです。今、社団法人さいたま観光国際協会の中に、さいたまスポーツコミッション事務局が置かれています。

ただ、国によってスポーツコミッションという用語の使い方が違います。オーストラリアに行くと政府の組織（Australian Sports Commission）になってしまうので、だいぶ議論をしましたが、やはり新しくシンボル的な名前があるほうがわかりやすいだろうということで、「地域スポーツコミッション」が入りました。観光庁には、スポーツ観光推進室が置かれ、文科省スポーツ・青少年局からのスタッフを含め、庁内を横断する形でスポーツツーリズムが推進されるようになりました。

3　スポーツ基本計画の策定エビデンス

　スポーツ基本計画の「参考資料」の中には、スポーツ基本計画の全体像、スポーツ基本計画（概要）、用語の補足説明、そして参考データ集が含まれています。参考データ集は、スポーツ実施率や子どもの体力・運動能力調査、スポーツ施設やオリンピックのメダル獲得率、国内のトレーニング拠点など、興味あるデータと内容が多く、総合型クラブに関しては、「総合型クラブ設置数、設置率」、「総合型クラブの自己財源率」、「総合型クラブにおけるスポーツ指導者」、「総合型クラブの活動拠点施設」の最新データが掲載されています。

　今、こういう政策を作る時に、エビデンス・ベースト・ポリシー（evidence based policy）と言って、ちゃんとしたエビデンス（証拠）に基づいた政策を出していくことが、国際的に、特に、イギリスとか世界の先進国では重要だと言われています。単に思いつきとか、あるいは大衆に迎合するポピュリズムではなくて、データや根拠といったエビデンスに基づいて出すということです。ですから、スポーツ基本計画を審議する時にも、いろいろなデータが事務局から資料として出されています。

　体力テストの結果を、外部指導者の有無によって比較分析したものがあります。外部指導者を導入している学校の体力テストの結果と導入していないところの体力テストの結果を調べると、外部指導者を導入しているところのほうが体力テストの結果がいいことがわかっています。一般的に、学

校は閉鎖的な特性がありますが、地域スポーツからの外部指導者を導入することによって、プラス効果があることから、もっと学校・地域連携を進めるべきでしょう。

　特別委員会では議事進行に集中しているので、あまり発言しませんが、グラウンドの芝生の話をしたことがあります。兵庫県の豊岡市は、城崎温泉があるところですが、スキー場があり、豊かな自然に恵まれています。今、豊岡市のマスタープランづくりのアドバイザーをしています。豊岡市では、小学校と幼稚園において、鳥取方式の芝生化事業を進めています。現地の小学校で素晴らしい芝のグラウンドを見せてもらいました。教育委員会の方の話では、芝生グラウンドの小学生の方が、土のグラウンドの小学生より、50メートル走の記録がいい、また学年を越えての伸び率がいいということなので、特別委員会で少し発言しました。

　その日の会議が終わると、スポーツ・青少年局のスポーツ連携室長が飛んできて、「山口先生、さっきの芝生グラウンドのデータを確認したいのですが、どこに尋ねたらいいですか」と。担当者を紹介したら、早速データを集めたようです。その結果、芝生グラウンドと土グラウンドの子どもたちの体力テストの結果を比較すると、芝生化しているところの子どもたちの体力テストの結果がいいことがわかりました。

　現地調査の際に教頭先生にいろいろお話を聞かせていただきました。散水ばかりしていて、気の毒だなと思いながら…。鳥取方式の芝生は、設置と維持にかかるコストが安いんです。教頭先生に、「芝生になってから、何か生徒に変化がありましたか？」と聞いたら、「いろんな担任の先生が、『けんかが減ってきた』と言っている」と。私は、「恐らく、それは事実だと思います」と答えました。芝生で転んでも平気なので休み時間に走り回り、かなりストレスも発散できているのではないでしょうか。体力テストの結果が示すように、身体的な便益だけではなくて、メンタルにもいい影響が出ているようです。

　全国の小学校で、体育の専科教員は3.4％しかいません。また、小学校教員の高齢化が進んでいて、男性が45歳、女性が43歳ぐらいです。外

部指導者を活用している部活が、どのぐらい増えてきたかとか、合同部活がどのぐらいの数になってきたかというデータも出ています。中学校の合同部活は、平成13年は「269校」しかありませんでしたが、平成17年は「855校」に増えています。平成9年の保体審答申の際に、部活動への「外部指導者の導入」が入りました。この時、私も委員でしたが、「ぜひ外部指導者を入れるべきだ。学校に外部の人がどんどん入ったほうが良くなるはずだ」と発言しました。

　以前は、中体連は合同部活を認めていませんでした。あるシンポジウムで、中体連の代表に、「何故、合同部活を認めないのか、その理由は何か？」と聞きました。そうしたら、「強化しているからだ。集めて強化しようとしている」との答えでした。「そんな時代じゃありません。子どもがいないんです。チームができないんです。子どもがいないから、隣接校と一緒になってやればいいじゃないですか」という話をしました。最近では、合同部活がようやく増えてきました。

　スポーツ指導者の登録者数は、日本体育協会などを中心にして、指導者数は増えているのがわかります。ただし、総合型クラブの全国調査をすると、問題点は何か、課題は何かというと、「会員が伸びない、指導者が少ない」。すなわち、指導者養成と総合型クラブの現場の連携がうまく進んでいないことがはっきりわかります。

　2003年の地方自治法の改正で、公共施設の運営が民間事業者にもできるようになりました。指定管理者の導入状況を、平成17年と平成20年と比較してみましょう。「民法第34条」の法人は、財団法人とか地方自治体の外郭団体です。それと会社やNPO法人があります。公共スポーツ施設の指定管理者は、平成17年は、13.5％が体協などのいわゆる財団法人で、会社としては1.5％、NPO法人としてはわずか0.4％しかありませんでした。ところが、平成20年になると、会社組織が8.4％、「民法第34条」法人が16.4％、NPO法人も2.3％と、まだ少ないですが増えてきました。総合型クラブも法人格を取得しているクラブが徐々に増えていますが、指定管理者になることができたら、収入が増え、間違いなく財務基

第 3 章　スポーツ基本計画の策定を巡る総合型地域スポーツクラブ

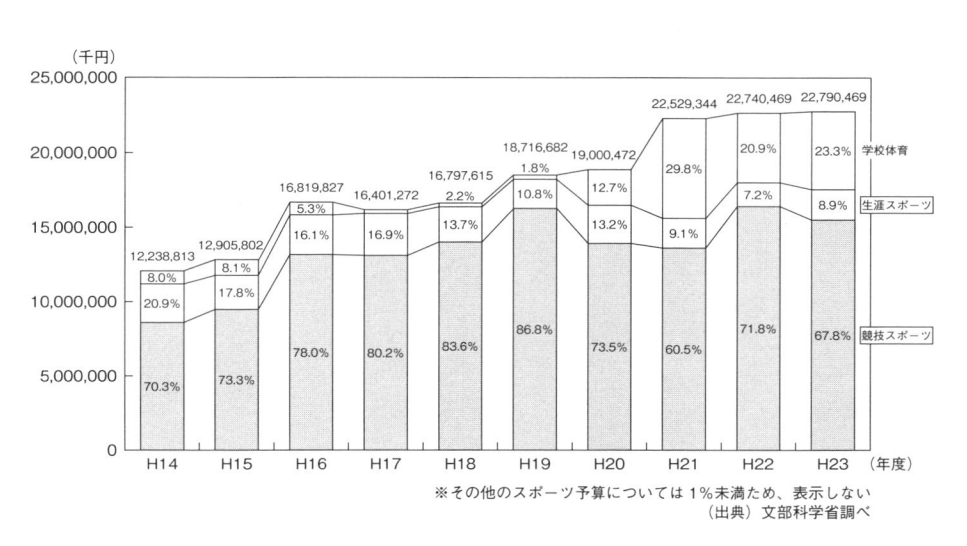

盤が安定します。

　国のスポーツ関係予算の推移（図 2）を見ると、近年では増加傾向が顕著ですが、競技スポーツ関係予算が大きなウエイトを占めています。国の予算は、競技スポーツと生涯スポーツ、そして学校体育に分類されます。平成 14 年から平成 23 年にかけての予算の推移をみると、60% から 70% が競技スポーツ予算で圧倒しています。生涯スポーツ予算は、ピークが平成 16 年ぐらいで、割合がだんだん減ってきています。平成 21 年から学校体育予算が増えてきたのは、スポーツ振興基本計画の中間評価において、「子どもの体力向上」が 3 本柱のトップになったことを反映しています。

　もうひとつ、国のスポーツ関係予算額ですが、平成 21 年から平成 22 年ぐらいまでは、220 数億円です。これは、文部科学省のスポーツ関係予算だけで、実は厚労省、国交省などの"体力つくり関係予算"が多いんです。ただし、スポーツとは言っていません。厚労省は"運動"と言っているし、国交省に行くと、公園緑地とかマリーナ整備などが含まれてい

図 2　国のスポーツ関係予算の推移

・平成 23 年度約 228 億円であり、近年では増加傾向である。
・競技スポーツ関連予算が大きなウェートを占めている。

ます。平成24年になると、スポーツ関係予算は、何と10億円増えました。どうしてかというと、50年ぶりに改正されたスポーツ基本法の影響です。このように50年して新しい法律ができたことにより、10億円増えて238億円になりました。改めて法律制定の影響の大きさが感じられます。

　平成24年度の新規事業は、ナショナル競技力向上プロジェクトが32億円、また、障害者関連の事業が出てきました。障害者スポーツは、これまで厚労省の管轄でしたから、スポーツ基本法に障害者が含まれたことから、文科省にも予算が付いています。また、今年度は、スポーツ庁の調査費が付きました。調査の内容は、海外のスポーツ庁やスポーツ省関係の調査で、これもスポーツ基本法の附則第2条に、スポーツ庁の設置の検討が書かれているからです。スポーツ基本法やスポーツ基本計画の中に、記述があることは、その後のスポーツ政策や事業展開に大きな意味があります。

　女性アスリート戦略的サポート事業も新たに事業化され、地域スポーツクラブの育成推進事業は、日本体育協会を通して推進されるもので、総合型クラブ関係予算です。地域スポーツとトップスポーツの好循環推進プロジェクトは、平成23年度から始まったスポーツコミュニティ形成促進事業のことです。元トップコーチ、トップアスリートを総合型クラブが採用して、そこから周辺クラブの巡回指導、あるいは小学校の体育（活動）コーディネーターとして、小学校の体育授業に担任とのチームティーチングをしてもらうという事業が2年目に入りました。

　スポーツ振興くじは、私もスポーツ振興助成審査委員長として関係してきました。図3は、スポーツ振興くじ助成の助成金額の推移を示しています。助成金額は、平成14年度の初年度は57億円と順調なスタートでしたが、toto売り上げが徐々に低下し、平成19年度は助成金が1億円を割ってしまいました。独立行政法人の存続が問題になっていたころで、totoも危機的な状況を迎えていましたが、それを救ったのが非予想型のBIGの発売でした。Jリーグやサッカーをよく知らなくても、コンピュー

第3章　スポーツ基本計画の策定を巡る総合型地域スポーツクラブ ‖

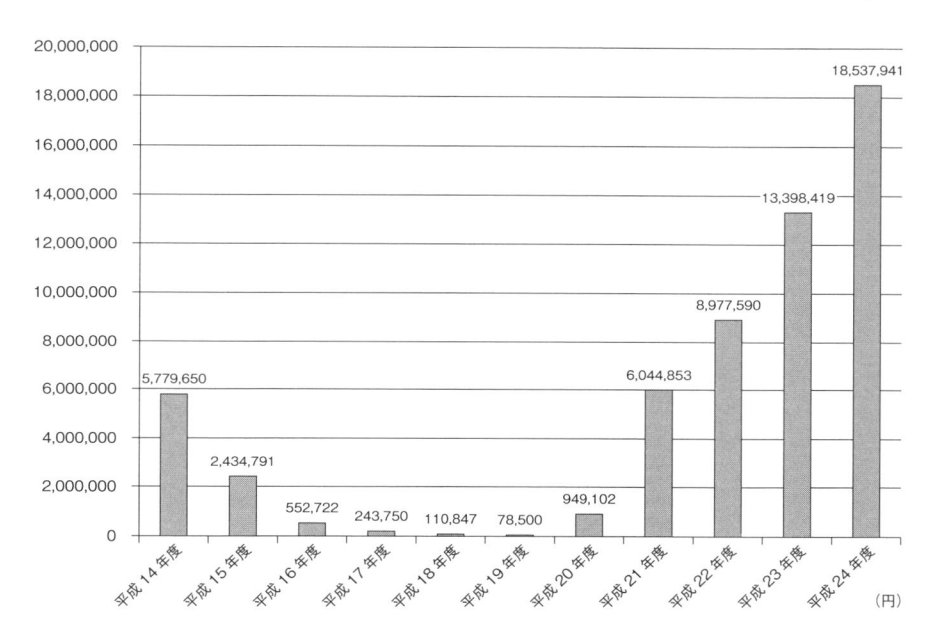

図3　スポーツ振興くじ助成金の交付額の推移（平成14［2002］〜24［2012］年度）

タがランダムに予想し、キャリーオーバーがあれば最高6億円当たるということで爆発的なヒット商品になりました。今でも、13試合のJリーグ試合結果を予想するtotoより、BIGの売り上げが多く、平成23年度は145億円の配分が行われています。スポーツ振興くじ助成の中心は競技スポーツではなく、基本的に地域スポーツの振興で、総合型クラブの活動助成の中には、クラブマネジャーの人件費も助成されており、宝くじを買うのでしたら、totoやBIGにしてもらえたら、当たらなくても地域スポーツの振興へ助成金が出ることになります。

4　スポーツ基本計画の概要と解説

　スポーツ基本計画ですが、概要版がわかりやすいかもしれません。「第1章―スポーツを巡る現状と今後の課題」に「1　背景と展望」があります。

83

「2」として、「スポーツ基本計画の策定」です。「スポーツ立国戦略の踏襲」と書いています。スポーツ立国戦略は、中教審スポーツ・青少年分科会で答申したものではなく、文部科学省が作ったものです。スポーツ基本計画は何かというと、スポーツ基本法の理念を実現するものです。位置付けとしては、スポーツ基本法を受けてスポーツ基本計画ができたので、スポーツ立国戦略のほうが上ということではありません。スポーツ立国戦略は、一応踏襲しようというか、スポーツ政策として整合性のあるものにしようということです。

「第2章」は新たなスポーツ基本計画は10年間の基本方針ですが、具体的施策は5年間です。国の基本計画はスポーツ基本計画だけでなく、他の基本計画もほとんど5年間になっています。「第3章」に、文部科学大臣からの諮問事項の今後5年間に総合的かつ計画的に取り組むべき施策が7つ入っています。「第4章」として、最終的に必要な事項、参考資料があります。

　文部科学大臣からの7つ諮問事項ですが、あまりに文章が長くポイントがわかりにくいので短くしてもらいました。その結果、7つの政策課題が立てられ、「1.（学校と地域における）子どものスポーツ機会の充実」で、最初に入っています。政策課題の2は、「2.（若者のスポーツ参加機会の拡充や高齢者の体力作り支援等）ライフステージに応じたスポーツ活動の推進」です。これは、諮問では3番目に来ていましたが、順番の整合性を考え、2番目になり、子ども、ライフステージとなりました。政策課題の3番目は、「3. 地域のスポーツ環境の整備」ですが、この前に「（住民が）主体的に参画する」とあります。ここで新しい公共という概念が反映されます。この3つ、特に総合型地域スポーツクラブはいろいろなところに出てきますが、いちばん総合型クラブの記述が出るのが「3番目」です。

　政策課題の4番目は、「4. 国際競技力の向上（に向けた人材の養成やスポーツ環境の整備）」、政策課題の5番目は、「5. 国際大会の招致・開催、国際貢献（「オリンピック・パラリンピック等の国際競技大会等の招致・開催等を通じた国際交流・貢献の推進」）、政策課題の6番目は、「6.（ド

第3章　スポーツ基本計画の策定を巡る総合型地域スポーツクラブ

ーピング防止やスポーツ仲裁等の推進による）スポーツ界の透明性、公平・公正性の向上」、そして政策課題の7番目の「7．スポーツ界における好循環（の創出に向けたトップスポーツと地域におけるスポーツとの連携・協働の推進）」です。

私は、スポーツ基本法のセールスポイントは何かというと、「第7条」ではないかと思っています。「第7条」は、スポーツ基本法の理念を実現するために、国、独法、地方公共団体、学校、スポーツ団体、民間事業者が、連携し、協働を進めていくとしています。これが、今までと一番違うところではないでしょうか。

写真1　スポーツ基本計画のパンフレット

　日本の場合、縦割り行政の弊害がいろいろなところにあります。省庁だけではありません。兵庫県の北部のある町へ訪ねた時のことです。秋の日曜日でしたが、町民マラソン大会を教育委員会主催でやっていました。同じ日に、保健所は、ウォーキング教室をやっていました。小さな町ですから、結局、参加者が分散し、両方ともあまり盛り上がりません。これは、自治体内におけるイベント開催に関する情報を部局で共有していないことから起こっています。こういう事例は、国のレベルから都道府県レベル、そして市区町村における自治体レベルまで、スポーツ振興や健康増進の分野において、しばしばみられ、予算を3Eに大きな課題をつくっています。3Eとは、Economy（経済性）、Effect（効果）、Efficiency（効率性）のことで、政策評価の課題とも言えます。この3E問題をコンベンションや全国研修会で10年くらい言い続けてきましたが、政策目標の7番目に、ようやく「連携・協働を推進し、好循環を創出する」と明記されました。

　7つの政策課題が多くてわかりにくいので、何とか整理してほしいと思

```
                    <計画の策定>
○今後10年間の基本方針と現状と課題を踏まえた5年間の計画
┌─────────────────────────────────────────────┐
│ 年齢や性別、障害等を問わず、広く人々が、関心、適性等に応じてスポーツに参画 │
│ することができるスポーツ環境を整備                          │
│  ⑤       ┌──────────────────┐    ⑥        │
│  国       │   ④国際競技力の向上    │    ス公ポ     │
│  際       │      ↑↓            │    ー平ツ     │
│  交       │   ⑦好循環の創出       │    ツ・界     │
│  流       │                    │    界公の     │
│  ・       │ ①子どもの  ②ライフステージに応じた│ の正透      │
│  貢       │  スポーツ  スポーツ活動の推進   │ 透性明      │
│  献       │  機会の充実                │ 明の性     │
│  の       │ ③住民が主体的に参画する地域のスポーツ環境の整備 │ 性向、    │
│  推       └──────────────────┘    の上      │
│  進                                        向        │
│                                           上        │
└─────────────────────────────────────────────┘
                         ↓
                    <計画の推進>
┌─────────────────────────────────────────────┐
│ ○国民の理解と参加によるスポーツの推進  ○関係者の連携・協働による計画的・一体的推進 │
│ ○スポーツ振興財源の確保と効率的な活用  ○計画の進捗状況の検証と見直し     │
└─────────────────────────────────────────────┘
```

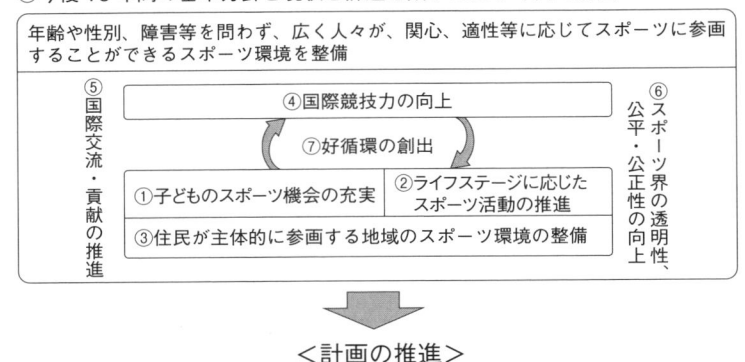

図4　スポーツ基本計画の全体像

い、本当は3つか4つぐらいに整理したかったのです。しかし、大臣からの7つの諮問事項という壁が立ちはだかりました。7つの政策課題ですが、政策課題の1から3までは、どちらかというと地域スポーツの領域だろうということで一緒にまとめています。こういった基本計画やマスタープランでは、その特徴をひとつの図式モデルにまとめ可視化することが重要です。「子どものスポーツ機会の充実、ライフステージに応じたスポーツ活動の推進、地域のスポーツ環境の整備」がベースになり、上に「国際競技力の向上」、右に「スポーツ界の透明性、公平・公正性の向上」、左は「国際交流・貢献の推進」で、これを好循環していこうというひとつの図式モデル（図4）にしています。

5　スポーツ基本計画における総合型クラブと地域スポーツの推進

<u>政策課題1「学校と地域における子どものスポーツ機会の充実」</u>におい

第3章　スポーツ基本計画の策定を巡る総合型地域スポーツクラブ

ては、次のような政策目標が提示されています。

> ［政策目標］：子どものスポーツ機会の充実を目指し、学校や地域等において、すべての子どもがスポーツを楽しむことができる環境の充実を図る。
> 　そうした取り組みの成果として、<u>今後10年以内に子どもの体力が昭和60年頃の水準を上回ることができるよう、今後5年間、体力の向上傾向が維持され、確実なものになる</u>ことを目標とする。

　ここで目標に出てきているのは何かというと、体力が昭和60年頃の水準を上回ることです。これはエビデンスがあります。体力テスト（体力・運動能力調査）は、1964年に始まりました。その後、体力テストの成績は順調に伸びていますが、1980年で止まり、横ばいになります。1985年（昭和60年）がピークで、ここから落ちています。2011年には、ちょっと上がっていますが、それでもまだ低い水準です。ですから、一番ピークだったときを目指すのが目標です。

　政策目標が出ていますが、そのあとに「現状と課題」が出てきます。一番のポイントは、「3.（今後の）<u>具体的施策展開</u>」です。ここをじっくり読んでください。この具体的施策に採り上げられるか否か、がその後の予算化や地域への波及に大きな影響力を持っています。また、具体的施策はどこが主体的に実施するのか、国が行うことか、地方公共団体がやるのか、あるいはスポーツ団体が行うのか、「主語は何か？」が重要です。また、国が事業として予算化するのか、国はただ推奨しているだけか、を全部読み取ることができます。ですから、「具体的施策展開」というところをじっくり検証してください。

　例えば、スポーツ基本計画の11ページの具体的施策展開に、「学校体育団体等スポーツ団体においては、主催する大会等について、総合型クラブで活動する生徒等の参加を認めたり、柔軟な対応が求められる」とあります。これは、中学校体育連盟（中体連）や競技団体が、何とか柔軟に対

応すべきだということです。

また、「国は、…シーズン制の複数種目実施、総合型クラブとの連携等、運動部活動における先導的な取り組みを支援する」とありますが、これは国が予算化するということです。そして、「国は、…総合型クラブによる学校へのスポーツ指導者派遣のための体制の整備を推進する」とあり、これも国が予算化するという意味です。

<u>政策課題2「ライフステージに応じたスポーツ活動の推進」</u>においては、次の政策目標が提示されています。

> ［政策目標］：ライフステージに応じたスポーツ活動を推進するために、国民の誰もが、それぞれの体力や年齢、技術、興味・目的に応じて、いつでも、どこでも、いつまでも安全にスポーツに親しむことができる生涯スポーツ社会の実現に向けた環境の整備を推進する。
> そうした取組を通して、できるかぎり早期に、成人の週1回以上のスポーツ実施率が3人に2人（65％程度）、週3回以上のスポーツ実施率が3人に1人（30％程度）となることを目標とする。また健康状態等によりスポーツを実施することが困難な人の存在にも留意しつつ、成人のスポーツ未実施者年（1年間に一度もスポーツをしない者）の数がゼロに近づくことを目標とする。

ここでは、政策目標に具体的な数値目標が出されています。週1回以上が3人に2人になります。2000年のスポーツ振興基本計画では、50％でした。今回、「週3日以上を3人に1人」が入っています。これは立国戦略と同じ数値目標です。立国戦略を審議する前の中教審スポーツ振興特別委員会において、「スポーツ立国戦略というのに、週1回の数値目標しかないのは、ちょっと寂しくないか。スポーツ先進国では、週3回以上や、毎日30分の運動・スポーツ実施が数値目標になっている」と、発言しました。そこから、"体力・スポーツに関する世論調査"（内閣府）

第3章　スポーツ基本計画の策定を巡る総合型地域スポーツクラブ

には、「週3回以上」の尺度があったことから、これが採用され、「週3回以上を3人に1人」という、週3回以上の数値目標が入るようになりました。

　ただ、週3回というと、週末のスポーツ実施だけでは達成できません。平日に運動・スポーツの機会を入れなければなりません。これからは、通勤とか職場における運動・スポーツの実施を奨励していかないといけません。こういった背景から、「職場において、"スポーツのためのノー残業デー"を設ける」ことを推奨という具体的施策が出てきます。

　もう一つは、「未実施者を限りなくゼロへ」です。私は、発言しませんでしたが、これは無理だと思っています。海外のスポーツ実施調査をみても、いくら落としてもやはり10％ぐらいいます。運動嫌いとか、やらない人がいるので、達成は難しいと思います。

　政策課題2では、具体的施策として「地方公共団体や総合型クラブにおいては、親子や家族がともに参加できる教室、イベント、いわゆるファミリースポーツ、あるいは総合型クラブでは、若者デーやレディースデー、特定のターゲットに対するプログラムやイベントが期待される」とあります。期待されるということは、国は金を出さないで、地方自治体や総合型クラブの役割という意味です。国が「支援する」とあれば、事業として予算化するということです。

<u>政策課題3「住民が主体的に参画する地域のスポーツ環境の整備」</u>において、総合型クラブに関する具体的施策が多く、次の政策目標が提示されています。

> ［政策目標］：住民が主体的に参画する地域のスポーツ環境を整備するため、総合型地域スポーツクラブの育成やスポーツ指導者・スポーツ施設の充実等を図る。

　当初の特別委員会の骨子案においては、実は、"総合型クラブ"の記述

がありませんでした。"地域スポーツクラブ"でした。私も気が付いていましたが、最初に気が付いたのは総合型地域スポーツクラブ全国協議会幹事長の小倉弐郎委員でした。小倉委員が、「地域スポーツじゃなくて、やはり総合型クラブじゃないか」と発言しました。総合型クラブに関する発言があるのは大体決まっていて、テレビ朝日の宮嶋泰子委員、日本体育協会の岡﨑助一委員、早稲田大学の木村和彦委員、そしてヨーコ・ゼッターランド委員も発言します。骨子案では"地域スポーツクラブ"でしたが、これまでのスポーツ政策との整合性・一貫性という観点から、最終的に総合型クラブと表記されました。

　地域スポーツに関しての記載が、「スポーツ基本法第21条」にあります。「第21条—国及び地方公共団体は、国民がその興味又は関心に応じて身近にスポーツに親しむことができるよう、住民が主体的に運営するスポーツ団体（以下「地域スポーツクラブ」という。）が…」という感じで、「地域スポーツクラブ」がここで出てきます。

　皆さん、ご存じでしたか。スポーツ基本法の中に"地域スポーツクラブ"がいっぱい出てきますが、"総合型地域スポーツクラブ"の名前は一切、ありません。しかし、スポーツ基本計画に"総合型クラブ"が明記され、その位置づけが確立されています。そのあたりを評価してほしいところです。

　スポーツ基本計画の資料の中にひとつ出ているのは、市区町村における総合型クラブの設置状況です。図5は、総合型クラブの設置数と都道府県別の設置率を示しています。

　平成23年度の段階で、市区町村に少なくともひとつの総合型クラブが設置されているのは、75%です。また、設立準備中を含めると、全国で3,241クラブになっています。全国では75%の設置率ですが、都道府県別にみると、かなり地域格差が存在しています。平成23年7月時点で、100%の設置率を誇るのが、秋田県、富山県、兵庫県、島根県、佐賀県、長崎県、大分県の7県です。40%〜50%台にあるのは、北海道、宮城県、千葉県、宮崎県です。地方自治体によって、総合型クラブへの取り組みは、

かなり温度差があることが明らかです。

　また、「現状と課題」においては、「自己財源率が50％以下のクラブが半数以上、法人格を取得しているクラブは11.4％、指定管理者として委託されたクラブは3.7％、総合型クラブを知らない国民が7割など」の課題があげられています。

　ここで政策目標を達成するための施策目標は、「新しい公共」を担い、コミュニティの核となれるよう、各市町村に少なくとも1つは総合型クラブを育成すること。そして、運営面や指導面において周辺の地域スポーツクラブを支えることができる総合型の"拠点クラブ"を広域市町村圏に全国で300クラブを目安として育成すること、の2つがあげられています。この拠点クラブは、法人格を有し、専任マネジャーが採用され、財政的に安定していることがベースになるかと思います。

　スポーツ基本計画を読む際、「今後の具体的施策」は実際の施策や予算に関係するので重要です。特に、注意すべきは、具体的施策の文章の主語は何か、に注目して下さい。「国は、地方公共団体やスポーツ団体、大学・企業等と連携し、…総合型クラブの育成を促進する」、国はこれからも総合型クラブの育成事業の推進を明言しています。

「<u>国は</u>、…総合型クラブへの移行を指向する単一種目の地域スポーツクラブや、スポーツ少年団と連携することにより、総体として総合型クラブと同等の役割を果たす地域スポーツクラブへも支援を行うなど、支援の対象範囲の拡大を検討する」とあります。単一種目クラブや少年団の統合や連携をねらっています。

「<u>国及びスポーツ団体</u>は、…総合型クラブの創設から自立・活動までを一体的にアドバイスできる"クラブアドバイザー（仮称）"について協議・検討し、スポーツ団体は"クラブアドバイザー"を育成する」とありますが、スポーツ団体とは日体協などを指しています。また、現行の『クラブ育成アドバイザー』は、ご存じのように立ち上げの時だけです。それをやめて、立ち上げが終わった普段の運営までアドバイスができる"クラブアドバイザー"を育成することになっています。また、「国は、総合型クラブの顕

彰の在り方を検討する」ということは、いずれ顕彰が始まります。私は、モデルクラブの顕彰は、クラブの存続と周辺クラブへの波及効果が大きいと考えます。

次に、もうひとつのポイントです。「国は、広域スポーツセンターについて、…その在り方を見直す」になっています。広域スポーツセンターは７つの機能をもつことになっていました。総合型クラブの創設やクラブマネジャーなどの指導者育成、情報の収集発信、交流大会の開催に加え、トップレベルのアスリートの育成やスポーツ医科学の支援、が入っていました。しかし、実際には総合型クラブの支援や情報発信などが中心で、トップレベルの育成やスポーツ医科学支援に取り組んでいる広域センターは僅かです。また、設置場所も都道府県教育委員会だけでなく、県体協、事業財団など多様です。広域センターの機能やあり方を再検討するということです。

総合型地域スポーツクラブ数の推移（数値は各年度7月1日現在）

	平成16年度	平成17年度	平成18年度	平成19年度	平成20年度	平成21年度	平成22年度	平成23年度
創設クラブ数（創設済みクラブ＋創設準備中クラブ）	1,117	2,155	2,416	2,555	2,768	2,905	3,114	3,241
クラブ創設市町村（①）	702	783	786	894	1,046	1,167	1,249	1,318
全国市町村数（②）	3,122	2,375	1,843	1,827	1,810	1,798	1,750	1,747
クラブ創設市町村の割合（①÷②×100（％））	22.5	33.0	42.6	48.9	57.8	64.9	71.4	75.4

都道府県別設置状況（平成23年7月1日現在）

総合型クラブ（創設準備中含む）のある市町村数／各都道府県の全市町村数×100

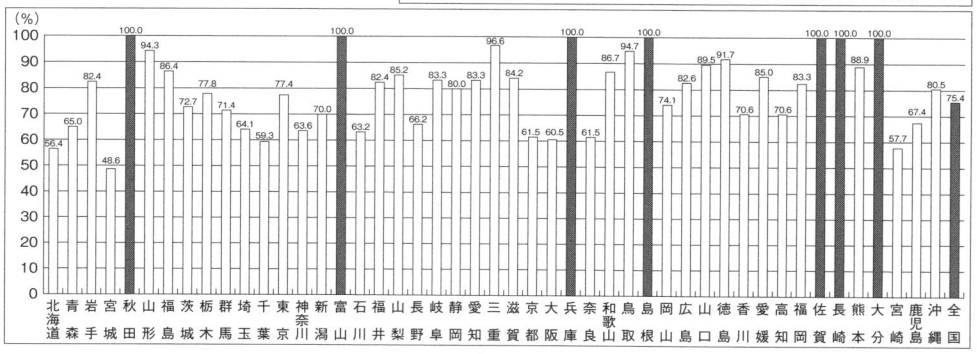

（出典）文部科学省「平成23年度総合型地域スポーツクラブに関する実態調査」

図5　総合型地域スポーツクラブ数の推移と都道府県別設置状況

次に、「地方公共団体においては、地域スポーツクラブに対して、NPO法人格を取得することを促すことが期待される」とあります。これは、法人格の取得はクラブのある都道府県が認可するので、「地方公共団体の責任ですよ、促してください」と、地方公共団体の役割を明記しています。

総合型クラブの具体的施策は、最後に3つ記されています。「国は、地方公共団体及びスポーツ団体と連携し、総合型地域スポーツクラブ交流大会の開催を検討する」ということです。これは検討してできるようになっています。既に兵庫県ではやっています。全県大会やブロック大会を開催し、市・町単独でも交流大会を行っています。

「地方公共団体においては、…都道府県にある総合型クラブ連絡協議会を支援して自立化する」、支援するということは、都道府県から何らかの予算の投入が期待されています。また、「スポーツ団体においては、総合型クラブ全国協議会の活動支援が期待され、総合型クラブ全国協議会は、社会的な認知度向上のために、総合型クラブ育成に関する調査研究等を実施することが期待される」と明記されています。

6　おわりに

最後にひとつ紹介したいのは、事前に文科省に申し込みをすれば、毎回の特別委員会を傍聴することができました。行った方はいらっしゃいますか？　毎回40名ぐらい、ほとんど満席で、委員会で配布される同じ資料がもらえます。ですから、おそらく13回で、合計520人ぐらいの方が傍聴されました。

もうひとつ、一番気を使ったのは何かというと、特別委員会の議事録が、数週後に文科省のホームページに公開されます。誰が何を話したかも記名つきで全部出ます。あれは、委員会終了後、議事録が各委員に「確認してください」と届きます。話しているのを速記されると、「…」ばかりで、ほとんどまともな文章になっていません。ある委員は、話してなかったことも加え、あまりに多くの修正を入れたら、「ちょっと修正が多すぎます」

と事務局から返されたとのことです。

　確か、クラブネッツ（CLUBnetz）のメーリングリストに、「スポーツ基本計画に関する特別委員会の議事録が、ホームページで公開されている」と紹介されてからアクセス数が伸びて、最高 1,400 件を超えました。13 回の特別委員会の議事録の合計アクセス数は、1 万 2 千件ぐらいで、「文科省の今までの委員会の中で、最高じゃないかと思う」と事務局の方が話していました。特別委員会の審議に対して、非常に関心が高かったことを強調したいと思います。委員会の審議を情報公開することによって、関心が高まったわけで、政策過程としては評価できるかと思います。

　スポーツ基本計画はできましたが、これからはどのように政策を展開していくか、という基本計画における具体的施策が重要です。平成 24 年度は既に決まっていますが、今、平成 25 年度事業の検討に入っています。もし皆さんが、こんなことをやったらどうかというのがあれば、今日、どんどん言ってください。私は、スポーツ政策企画室の人間ではありませんが、時々、担当者と話す機会がありますので、忌憚のない話を聞かせていただければと思っています。

　これから、スポーツ基本法の第 10 条により、都道府県・市区町村が、地方スポーツ推進計画を作るようになります。

　　『…地方公共団体は、スポーツ基本計画を参酌して、その地方の実情
　　に即したスポーツの推進に関する計画を定めるよう努めるものとす
　　る。』（スポーツ基本法、第 10 条）

　その際に、行政用語ですが、『スポーツ基本計画を<u>参酌して</u>』と書かれています。"参酌"するということは、スポーツ基本計画の理念と施策を参考にして、地方の実情に応じた地方スポーツ推進計画を作ることが期待されています。スポーツ基本計画はじっくりと読み込んで頂きたいですが、私は、地域の特性やスポーツ資源をどんどん反映し、独自性を出す方が良い計画ができると思います。

第3章　スポーツ基本計画の策定を巡る総合型地域スポーツクラブ

　2番目に、地方スポーツ推進計画を作る時に、委員会のメンバー構成が重要と思っています。何かというと、中体連、高体連、スポーツ推進委員、総合型クラブの関係者、学識、市町体協といったスポーツ関係者だけではなく、健康増進関係や障害者スポーツの関係の方もぜひ一緒に入ってもらうことが重要なことと思っています。

　3番目は、エビデンスに基づく政策です。これは、やはり地域スポーツに関する現状をデータやヒアリングによって把握することです。すなわち、今、スポーツ実施率はどのぐらいあるのか、という現状をまずしっかり把握して、具体的な政策を展開し、では、5年後にどの程度の成果が上がったのか、を評価することも重要かと思います。

　4番目は、先ほど、スポーツ基本法の一番いいところと話しましたが、スポーツ基本法の「第7条」を反映して、スポーツ基本計画でも『連携・協働による好循環』をひとつの政策課題にあげています。既に国レベルで始まっているのがあります。スポーツ基本法の「第30条」の中にスポーツ推進会議があります。これは何かというと、文部科学省を中心に、厚労省、経産省、国交省等が集まって、いわゆる政策調整会議をするということです。既に、3月の2週目に担当事務官会議がありました。3月21日に中教審を通ってから、早速、第1回スポーツ推進会議が始まりました。文科省、厚労省、国交省、観光庁、さらにスポーツ外交が入ったので外務省が入って、いろいろな調整が始まっています。国でも始まったので、都道府県・市区町村も縦割り行政の弊害を失くすべく、スポーツを中心にして健康増進担当や公園緑地担当など、部局を横断する組織づくりと連携の場づくりが大切です。

　最後に、スポーツ関係者、スポーツ行政、スポーツ団体や関係企業の連携・協働により、これからは、スポーツの社会経済文化的価値を高めて、生涯スポーツ社会の実現をすることが一番重要ではないかと思っています。以上で私の話題提起を終わります。どうも、ご清聴ありがとうございました。

【参考文献】

中央教育審議会，2012，スポーツ基本計画の策定について（答申），平成 24 年 3 月 21 日，文部科学省.
文部科学省，2011，スポーツ基本法（平成 23 年法律第 78 号），文部科学省.
文部科学省，2010-2011，スポーツの推進（振興）に関する特別委員会　議事録，平成 23 年 7 月 25 日 - 平成 24 年 2 月 21 日.
文部科学省，2012，スポーツ基本計画，平成 24 年 3 月 30 日，文部科学省.

第4章

「スポーツ宣言日本」の意義と
総合型地域スポーツクラブの未来

菊　幸一

1 『スポーツ宣言日本』採択の背景

(1) 大日本体育協会の創立から100年

　日本体育協会と日本オリンピック委員会は、2011年7月15日に開催された創立100周年記念シンポジウムにおいて、『スポーツ宣言日本〜21世紀におけるスポーツの使命〜』を採択しました。嘉納治五郎が大日本体育協会を創立してからちょうど100年。21世紀を展望したスポーツの価値を"宣言"という形で表したいというスポーツ界の総意を、世界に向けて発信したものです[1]。

　様々な競技を組織的に展開していったという意味で、日本のスポーツの歴史は1911年の大日本体育協会の設立が起点です。柔道の創始者として知られる嘉納は「国の盛衰は、国民の精神が充実しているか否かによる。国民の精神の充実度は国民の体力に大きく関係する」と、スポーツ振興にかける自らの熱い思いを『趣意書』にしたためて、スポーツ全体を統括する機関を組織し、体系的に"国民体育"の振興を図ることの必要性を訴えました。

　嘉納はまた、種目を超えたスポーツの祭典であるオリンピックが、世界平和に貢献するなど社会にとって有用なものであることも理解していました。そのスポーツの良さを活用するためには各種競技を横断的につなぐ組織の必要性を感じ、1912年のストックホルムオリンピックへの参加をはじめ、高度化されたスポーツの普及を図ることも大日本体育協会を設立した狙いの1つでした[2]。

　それから100年が経った今日、嘉納による趣意書の現代版として作成されたのが『スポーツ宣言日本』です。ここには「誇れる未来に新たな一歩」をスローガンに、わが国のスポーツを未来の社会や世界に向けて誇れるものにしていこう、趣意書に匹敵するものをもう一度書こうという思いが込められています。

第4章 「スポーツ宣言日本」の意義と総合型地域スポーツクラブの未来

（2）アジアで初めてのスポーツ宣言

ところで、「スポーツ宣言」——英語で言うと 'Declaration on Sport' ですが、こうした宣言文が世界でいくつぐらい出されているかをご存知でしょうか。実は意外と少なくて、『スポーツ宣言日本』は、アジアでは初めてのスポーツ宣言です。

では、最初に出された宣言は何だったかというと、1968年メキシコオリンピックのスポーツ科学会議で採択された 'Declaration on Sport' でした。この会議はスポーツに関する諸問題についていろいろと話し合う場なのですが、当時はオリンピックの参加資格として重要であったアマチュアの身分をめぐる論争が絶えず、1964年東京オリンピックの頃から国際共通語としてのスポーツや、その領域を定義づけることが求められていました。文化としてのスポーツという観点からIOC（国際オリンピック委員会）だけでなく、ユネスコ（国際連合教育科学文化機関）やイクスペ（国際スポーツ科学・体育会議）と共同で宣言したこともあり、68年に採択されるとそこに謳われたスポーツの考え方が世界のスタンダードになりました。

この 'Declaration on Sport' の中でスポーツは、「遊技の性格を持ち、自己または他人との競争、あるいは自然の障害との対決を含む運動」と定義されています。世界では1960年代から「Sport is a Play（スポーツは遊びである）」というとらえられ方が一般的だったのです。

しかし、当時の日本においてスポーツは教育の一環であり、「何かの役に立たなければいけないものだ」ととらえられていました。それだけに「スポーツは遊びである」というこの定義はかなり日本にとって衝撃的なものでした[3]。

2　日本人にとっての「スポーツ」とは

（1）スポーツは体育であり、手段だった—「総合型クラブ」への歩み—

そこで、日本のスポーツを社会的な背景と関連づけて見ていくことで、

表1　20世紀スポーツの振興

年代	時代	関連する法律など	社会背景とスポーツの意義や価値
1949年～	社会体育の時代	社会教育法	「組織的な教育活動」としてのスポーツ活動＝体育
1961年～	社会体育の時代	スポーツ振興法	「心身の健全な発達を図るためにされる」スポーツ活動＝体育
1960年代後半～1970年代半ば	コミュニティ・スポーツの時代	経済社会基本計画（経済企画庁）	高度経済成長の歪み＝過疎過密化問題→回復するための手段としてのスポーツ
1970～1980年代	みんなのスポーツの時代	みんなのスポーツ憲章	地域のスポーツ行政「スポーツ教室」から「スポーツクラブ」へ
1990年代以降	生涯スポーツの時代	スポーツ基本法	超高齢化社会、健康、レジャー→総合型地域スポーツクラブ

まずはその価値や役割の変遷をたどってみたいと思います（表1を参照）[4]。

　1949年に社会教育法が定められたときには「社会体育の時代だ」といわれていました。「スポーツ」として定義されるものは単なる遊びではダメで、組織的で教育的な活動でなければいけない。つまり、スポーツではなく「体育」だったのです。

　これは1961年に公布された『スポーツ振興法』の時代になっても何ら変わりません。スポーツ振興法は2011年6月に全面改正されて『スポーツ基本法』に改められましたが、前者の条文には「心身の健全な発達のためにされる」とはっきり書いてありました。体育でなければ税金は投入しないというわけです。

　日本が高度経済成長を遂げた1960年代後半から1970年代半ばにかけて、スポーツは"手段"として様々な利用のされ方をします。都市が地方の人口を吸収してしまう過疎・過密化の問題が出てくると、それを解決する重要な手段として「コミュニティ・スポーツ」ということが盛んに言われ始めます。

　「コミュニティ・スポーツって何だ？」と訊かれても、いまだにうまく答えられない人が多いと思いますが、この言葉はスポーツや体育の分野から

第4章 「スポーツ宣言日本」の意義と総合型地域スポーツクラブの未来

出てきたものではありません。1973年に経済企画庁が発表した『経済社会基本計画』の中で初めて出てきた言葉です。

　この中で考えられているコミュニティ・スポーツとは、高度経済成長の中で失われてきた"ふるさと"を再建し、人々の心の拠りどころや連帯感を生み出すコミュニティづくりの一環となるような地域のスポーツ活動のことを言います。過疎・過密化の問題は国の政策の歪みによって生まれたものですが、これを回復させるための1つの手段としてスポーツに白羽の矢が立ち、「市民の様々な活動を活発化させることが必要だ」と企図されたものでした。ですから、かなりネガティブな発想でスポーツを利用しようという施策だったと考えられます[5]。

　1970年代から1980年代にかけてはオイルショックがあり、低経済成長社会に突入します。すると、「みんなのスポーツ」ということが叫ばれ始めました。1975年欧州評議会の第1回ヨーロッパ・スポーツ閣僚会議で採択された『みんなのスポーツ憲章』に端を発したもので、これをなぞらえた形で日本でも運動が展開されていきます。

　今でも地域のスポーツ行政は"スポーツ教室からスポーツクラブへ"ということで、教室に集まってきた人たちに「3か月で終わるのは惜しいですよね。みんなでクラブをつくりませんか」と継続的な活動を呼びかけていると思いますが、そういう展開こそが「みんなのスポーツ」の行政的な解釈でした。

　しかし、そこで何が問題になったかというと、スポーツ教室が1つのチーム単位でクラブ化していくことです。非常に少人数の閉鎖的なクラブが乱立し、それぞれが自己主張や既得権益を訴え始めます。まさに市民社会という1つのテーゼが、ある種の自己主張を生み出していく典型です。

　そこでまず起きたのは、「市民スポーツと競技スポーツは1つのピラミッドにはならない」という考え方でした。高度化された競技スポーツを志向している人たちは、ピラミッドの下層にいる人たちを"底辺"と呼び、「会費を払ってオレたちを支えてくれていればそれでいいんだよ」というスタンスです。しかし、クラブ化して自立し始めた市民スポーツの側は、「私

101

たちはあなたたちの下部ではありませんよ。もちろん、競技スポーツに興味・関心はあるけれど、利害が違います」と主張し分裂していきます。

　分裂するのは仕方がない部分もありますが、前述したようにその単位が非常に小さいので活動も小グループになりがちです。会員が20人ぐらいいるバレーボールのクラブでも、練習には7〜8人しか集まらず、一般開放された体育館でこぢんまりと活動していることもしばしば。これでは行政的な効率が悪く、施設の有効活用もできません。そこで出てきたのが、市民スポーツ（チーム単位のクラブ活動）を総合的に再統合していくというコンセプトでした[6]。

　1990年代以降は生涯スポーツの時代です。市民スポーツも「つながりましょう。いろいろなネットワークを張りましょう」という考え方が主流となり、連峰型モデルの総合型地域スポーツクラブが登場します。

　この"連峰型"とは何か。多種多様な複数のグループを統合して構成するクラブです。従来は競技スポーツを頂点とする1つのピラミッドがあり、その底辺に市民スポーツがありました。しかし、1980年代にこのピラミッドの上層と下層が分裂してしまうと、再統合する動きが広まります。「市民スポーツは様々な目的を持った人たちが、種目が違ったり、レベルが違ったり、世代が違っていても、同じ場所に集まってお互いが融通し合い、緩やかな結びつきを持ちながら、それぞれの目的に応じた活動をやっていきましょう」と。

　これはヨーロッパにお手本となるモデルがあったので、それを引っ張ってきたものです。善し悪しの問題は別として、そういう背景のもとに日本のスポーツクラブは成り立っています[7]。

（2）市民にとってスポーツの価値とは

　では、市民にとってスポーツはどのような意味や価値を持っているのでしょうか。これまでそうした議論はあまりありませんでした。行政側のある種の誘導、インセンティブの中で活動が展開されてきたためです。

　当然、そこにはいろいろな問題が発生します。その1つは、スポーツ

第4章 「スポーツ宣言日本」の意義と総合型地域スポーツクラブの未来

クラブと従来からある自治会組織との関係をどう考えるのかという問題です。日本には江戸時代の五人組や戦時中の隣組など、昔から近隣住民に連帯責任を持たせて相互監視するシステムがありました。個人的な噂を流されたり、村八分にされたりする悪い面もありますが、冠婚葬祭時にはみんなで助け合ったり、地域で何か問題が起きたときには協力し合ったりと、いい面も持っています。こうした既存の自治会組織との関係をどう考えるのか。

　２つ目は財政的な基盤です。これまで私たちは学校体育を中心にしてスポーツを経験してきました。学校にはグラウンドがあり、体育館があり、指導者もいて、用具もそれなりに揃っています。"教育"の名の下に、みんなが無償でスポーツができる環境の中で育っています。学校体育の授業はもちろん無償ですし、部活動や試合等の遠征で多少のお金を出すことはあるにせよ、基本的に「スポーツ＝タダ」という感覚です。

　ヨーロッパのクラブのように、学校とは別に自分でお金を払ってスポーツをやる機会が子どもの頃からきちんと区別されていれば、「学校では教育としてスポーツをやるのでタダだけれど、クラブに行ってやるスポーツは自分で求めたものだから費用を払わなければいけないんだ」と、ある程度は自覚化されていきます。しかし、日本ではスポーツが学校を中心に行われているので、タダという無償感覚が習慣化されていて大人になってもなかなか抜けません。

　問題の３つ目は、スポーツをしない理由です。内閣府の調査をはじめ様々な調査でスポーツをしない理由を尋ねると、たいてい「ヒマ・バショ・カネ」の３つが挙がってきます。確かに、経済状況が厳しい中で労働時間が増え、暇がなくなったという感覚があるかもしれません。しかし、高度経済成長期のように「土曜日は半ドンで、日曜日は月曜日から勤めのために準備をする」という時代に比べれば、週休２日を基本としている現在は多少の暇はあるはずです。これは労働時間の統計を見ればわかります。場所についても一般開放している公共施設はたくさんありますし、国民全体の所得についても徐々に上がっているので「お金がない」というのも緩和さ

れてきているはずです。

　なのになぜ、「ヒマ・バショ・カネ」という三大理由が時代を経ても変わることなく挙ってくるのでしょうか。それはみんなが本音を隠すからです。人間の心理として、ある質問をされたときに私たちは誰が聞いても心証を害さないような無難な受け答えをします。相手とよほどの信頼関係がない限り、本音では答えません。この質問も同様で、みんなの本音は「面倒くさいから」というところにあるような気がします[8]。

　でも、皆さんが小学校や中学校の頃の休み時間のことを思い出してください。わずか10分間であってもクラスの仲間と校庭に出て、鬼ごっこやドッジボールなどをして遊びましたよね。あれこそがスポーツの原点です。面倒くさいと思っていたら、みんなやりません。

　では、なぜスポーツは面倒くさいのか。これまでの日本ではスポーツの捉え方が非常に体育的で、一方的で、強制的でした。その反動として「体を動かすのはシンドイ」とか、「運動するのは面倒くさい」という意識が植え付けられてしまったのではないでしょうか。

3　『スポーツ宣言日本』の基本的な考え方

（1）"自発性"を基調とするスポーツ

　2011年7月に採択された『スポーツ宣言日本』（以下、『宣言日本』と略す）では、まずこの点について言及しました。『宣言日本』本文の冒頭部分には次のように書いてあります。いわく「スポーツは、自発的な運動の楽しみを基調とする人類共通の文化である」と。ここで重要なのは「自発的」という言葉です。スポーツは自らそれを求めていくところに意味があり、価値がある、と。そして「楽しみ」とは、1968年メキシコオリンピックで採択された『スポーツ宣言』が謳うところの「プレイ（遊び）」です。これをスポーツの文化的特性としてとらえています。

　人間の暮らしの歴史をたどっていくと、日本でもいろいろな身体運動文化が地域に伝承されています。例えば、神社や仏閣の信仰の中では、人間

が体でいろいろな表現をしています。あるいは、「力石を持ってここまで走れ」とか「米俵を持って走れば一人前だと認めるぞ」という風習が、全国各地に成人の儀礼・儀式として残っています。これらは近代スポーツではありませんが、スポーツに非常に近いと受け止められる儀式です。

一方、ヨーロッパを見てみると、4〜18世紀までのスポーツに関連した法令は、そのほとんどがスポーツを禁止するものです。なぜなら競技場や生活の場で暴動が起きたら、民衆をコントロールできなくなるからです。楽しみを追求する人間の体のエネルギーはなかなかコントロールできないため、為政者はこれを禁止することで抑えようとしたわけです[9]。

今、私たちは「スポーツをどんどんやってください」と一生懸命に振興していますが、当時の人々は自分から求めてそれを行っていました。面白いからです。ものすごく過酷な労働環境の中で日常を生きている人々にとって、唯一無二の楽しみが、例えばサッカーやラグビーの原形であるモブフットボールで、「あれがないとオレたちは生きていけないよ」という生命力の源、エネルギーの発露でした。

こうした文化的特性が十分に尊重されたときにスポーツは、個人的にも社会的にもその豊かな意義と価値を望むことができます。つまり、スポーツは自由にやっていいし、それを通じて獲得できるものもそれぞれ違っていいのです。でも、「何らかの意味や価値があると思うから、皆さん続けているのでしょう？」と。スポーツの持っている意味や価値は、自発的に求めていかないと社会的に汎用性を持ちません。

しかし、国（政治）の方はこういう言い方を絶対にしません。国にとって「何かの役に立つ」とか「こういう目的がある」と言わないと、税金を投入することができないからです。まさにこの点を乗り越えているところが、民間のスポーツ組織（日本体育協会や日本オリンピック委員会）による『宣言日本』の真骨頂と言えるのではないでしょうか。

このことは、『宣言日本』が採択される直前の2011年6月に公布された『スポーツ基本法』と比べればよくわかります（表2を参照）。『基本法』の冒頭には「スポーツは、世界共通の人類の文化である」と述べられており、

表2 『スポーツ基本法』の主たる骨子（前文）

キーワード	内容
文化	スポーツは、世界共通の人類の文化である
目的	スポーツは、心身の健全な発達、健康及び体力の保持増進、精神的な充足感の獲得、自律心その他の精神の涵養のために、個人又は集団で行われる運動競技その他の身体活動
権利	スポーツを通じて幸福で豊かな生活を営むことは、全ての人々の権利
地位の向上	スポーツは、我が国の国際的地位の向上にも極めて重要な役割を果たす
好循環	地域におけるスポーツを推進する中から優れたスポーツ選手が育まれ、そのスポーツ選手が地域におけるスポーツの推進に寄与することは、我が国のスポーツの発展を支える好循環をもたらす
スポーツ立国	スポーツ立国の実現を目指し、国家戦略として、スポーツに関する施策を総合的かつ計画的に推進するため、この法律を制定する

この点では『宣言日本』の内容と似通っています。しかし、それに続く文章にはこうも書いてあります。「スポーツは、心身の健全な発達、健康及び体力の保持増進、精神的な充足感の獲得、自律心その他の精神の涵養等のために個人又は集団で行われる運動競技その他の身体活動である」（傍線、筆者による）と。これは明らかに、社会教育法から連綿とつながる"教育"の発想です。

「スポーツは、世界共通の人類の文化である」と謳う一方で、「こういう目的で行われないとスポーツとは認めませんよ」と言っているわけです。文化概念と教育概念をこんなに混同した文章を、私は見たことがありません。非常に矛盾しています。でも、国が基本法をつくってスポーツを振興しようとするときの、これが限界なんだと思います。振興法から基本法へと名前を変えても、基本的コンセプトは何も変わっていないのです。

（2）グローバル課題の解決に貢献する

『宣言日本』でもう1つ注目してほしいのは、グローバルな課題への挑戦に言及している点です。具体的には「この自覚に立って21世紀のスポーツを展望するとき、これまでスポーツが果たしてきた役割に加えて、スポーツの発展を人類社会が直面するグローバルな課題の解決に貢献するよ

第4章 「スポーツ宣言日本」の意義と総合型地域スポーツクラブの未来

うに導くことは、まさに日本のスポーツが誇れる未来へ向かう第一歩となる」というものです。

　私がここで強調したいのは、スポーツが挑戦しようとしているのは「国際的な課題」ではなく「グローバルな課題」である点です。グローバルという単語は、地球を意味するグローブ（globe）の形容詞ですが、宇宙から見た地球は国境がなく1つ（例えば「地球村」）といったイメージです。しかし、地面に降りたって世界を見ると、途端に領土問題が勃発するような人為的な境界（国境）が存在しています。

　これは3次元的な視点と2次元的な視点の違いによるものですが、土地の上に立って世界を見れば、日本という自分たちの国とそれ以外の国という関係でしか世界を見ることができません。ですから、国際的とは境界線を前提とした発想です。

　これに対してグローバルとは、自分がいる国を超えて地球の一員として考えるということです。鳥や植物の種子、排気ガスなどの公害が国境を軽々と越えてどんどん飛散していくように、グローバルな課題は基本的に国の問題ではありません。民族や土地や一個人の問題として直接飛び火していきます。ですからグローバリズムは、ある意味でローカリズムの問題でもあるわけです。

　これをスポーツに置き換えて考えると、スポーツを楽しむということは、日本という国を超えて地球上のすべての人々とこれを理解し、その経験を共有できるということです。スポーツで汗を流すことによって、私たちはいろいろな楽しさや喜びを享受していますが、それは地球上のすべての人類が経験できることであり、言葉のいらないコミュニケーションを可能にしてくれます。だからこそ、スポーツを行ってこれを正しく導いていくことは、国を超えてすべての人たちが課題を共有し解決する力になり得るのです。『宣言日本』では「日本のスポーツが、それをリードしていきましょう。リードしていけるようなスポーツを築き上げていきましょう」と謳っています。これこそが「日本のスポーツが誇れる未来へ向かう第一歩」であり、この宣言の狙いなのです。

4 『スポーツ宣言日本』における3つのグローバル課題

(1) 地域の絆を培うスポーツの文化的特性

では、現在の私たちが抱えているグローバルな課題とは何でしょうか。『宣言日本』では、スポーツと関わりの深い3つの問題に集約して考えています。

「3つのグローバル課題に対応するスポーツの21世紀的価値」と題された表3を見てください。まず1番目では「地域生活の多様化」について述べています。私たちはスポーツをすることで、気持ちよく汗をかいたり楽しかったりといった体験をしますが、これは自分一人で味わうものではなく、同様にスポーツをしている人たちと分かち合うことができます。そこでは言葉のいらない絆が生まれます。相手を説得するとか納得させるとかは一切関係なく、ともにプレーできる、ともに遊べる、ともに活動でき

表3　『スポーツ宣言日本』―3つのグローバル課題に対応するスポーツの21世紀的価値―

1	スポーツは、運動の喜びを分かち合い、感動を共有し、人々のつながりを深める。人と人との絆を培うこのスポーツの力は、共に地域に生きる喜びを広げ、地域生活を豊かで味わい深いものにする。 　21世紀のスポーツは、人種や思想、信条等の異なる多様な人々が集い暮らす地域において、遍く人々がこうしたスポーツを差別なく享受し得るよう努めることによって、公正で福祉豊かな地域生活の創造に寄与する。
2	スポーツは、身体活動の喜びに根ざし、個々人の身体的諸能力を自在に活用する楽しみを広げ深める。この素朴な身体的経験は、人間に内在する共感の能力を育み、環境や他者を理解し、響き合う豊かな可能性を有している。 　21世紀のスポーツは、高度に情報化する現代社会において、このような身体的諸能力の洗練を通じて、自然と文明の融和を導き、環境と共生の時代を生きるライフスタイルの創造に寄与する。
3	スポーツは、その基本的な価値を、自己の尊厳を相手の尊重に委ねるフェアプレーに負う。この相互尊敬を基調とするスポーツは、自己を他者に向けて偽りなく開き、他者を率直に受容する真の親善と友好の基盤を培う。 　21世紀のスポーツは、多様な価値が存在する複雑な世界にあって、積極的な平和主義の立場から、スポーツにおけるフェアプレーの精神を広め深めることを通じて、平和と友好に満ちた世界を築くことに寄与する。

第4章 「スポーツ宣言日本」の意義と総合型地域スポーツクラブの未来

る、ともに競技できる……ということです。そこに、絆を培うスポーツの文化的特性があります。

　現代社会は、昔のように隣近所で味噌や醤油の貸し借りをするような「生活を共にする」という共同体の感覚がなく、誰しも個の消費者として生きています。同じ地域に住んでいるというだけでは、みんな孤立していくわけですね。そういう中で横のつながりを持つためには、地域に存在する何らかの課題を解決しないと結束しにくいのが実情です。

　しかし、地域課題がなくてもスポーツさえあれば、「みんなで一緒にスポーツを楽しもう」と自発的につながって日常の絆を結ぶことが可能です。もちろん、これはスポーツ以外の音楽や芸術であってもよいのですが、身体を介するスポーツの方が感動を共有する体験を、より直接的に瞬時に伝え合うことができます。その点がスポーツの特徴であり強みであると考えることができるでしょう[10]。

（2）身体を通じた体験が環境問題を解決する

　2番目のグローバル課題は「環境と共生」です。単に「ゴミを拾いましょう」とか「ゴミを分別しましょう」というムーブメントとして環境問題を考えるなら、こんなことをわざわざ言う必要はありません。スポーツを通じて環境問題を考えるとはどういうことなのでしょうか。

　スポーツは、実用性のために体を動かす必要がないにもかかわらず、自分たちが何らかの楽しさを享受するために意図的に体を動かして汗をかいたりするものです。そうやって得た体の経験（体験）は、日常生活を送っているときのそれとは違って、お互いにコミュニケーションが取りやすい。つまり、暑い、寒い、厳しい、つらいといった体を通じた経験そのものが、人間にとって環境がいいとか悪いとかのバロメーターになっているわけです。スポーツをすること自体が体にとっていいことなら、それは自然にとってもいいことなんだ、と。素朴な身体的経験そのものが、今、自分がここに存在していることを私たちに理解させてくれるものなのです。

　だとすると、スポーツができる環境を持つことが、私たちの体にとって

もいい環境であることを学び取るチャンスにもなるわけです。それは環境だけでなく、自分以外の他者に対しても同様です。

今、社会はどんどん情報化しています。まさに仮想空間、電脳空間によって社会が動いているといってもよいでしょう。人間の頭の中ですべて処理できますし、その中で喜びや楽しさも感じられる時代になっています。そういう時代の中で、私たちの体そのものが脳に刺激を与え、体そのものが表現できることの意味をもっと洗練させて、環境との関係で考えられるようになったり、人の痛みや苦しみ、喜びも含めて感じられるような人間になれれば、それはやがて自分たちのライフスタイルそのものになっていく可能性があります。

つまり、自分の体が幸福だと思っていることを基準にして生活を送っていることが、結果として環境にとっても人にとっても幸福なことであり、そういうライフスタイルがつくられていく原点になることがスポーツの持っている意味や価値でもあるわけです[11]。

(3) 相互尊敬が導くグローバリズムの時代

3番目は「相互尊敬と友好」です。ここはこの文面だけでは理解しにくいのですが、私たちは無意識的ではあるものの「自分は自分として大事にされなければならないんだ。自分は誰からも傷つけられない存在なんだ」と思って生きています。何かの目的で他者と直接かかわるときに、「自分は相手から傷つけられたくない」と思います。もちろん、相手に対して自分もそうしますが、まずは相手にその思いを委ねなくてはなりません。人間としての自分の尊厳——スポーツの場であれば「ケガを負いたくない。傷つけられたくない」という自分の気持ちを、相手がわかってくれるであろうという依存です。そこに全面的な"信頼"がなければスポーツはできません。

もし非常に神経質な人がいて、「この人は私に何かするのではないか」と不信感を持っていたとしたら、スポーツを一緒に楽しむことはできません。お互いにフェアな気持ちでプレーができるという信頼関係が成立して

いるからこそ、スポーツが楽しめるのです。スポーツ経験者や愛好家は「スポーツをやってきたんだ」とか「スポーツをしているんだ」と何気なく言いますが、実はそこにはものすごく重要な意味が込められているのです。

それがここで謳っている「相互尊敬」です。スポーツをするということは「私はあなたに対して何もしませんよ。信じてください」と、自己を他者に向けて偽りなく開いているということで、同時に他者も偽りのないものとして素直に相手を受容しています。これはまさに「親善」であり「友好」そのものの関係を意味しています。ですから、スポーツをしているということは、すでにそれ自体が友好であり親善となりえる行為なのです。

したがって、国同士が対立したり世の中がギスギスしているときにこそ、スポーツをやるべきなのです。「尖閣諸島でバレーボールでもやりますか」とか「竹島でサッカーをやりましょう」と言っていい。お互いに偽りなく心を開くことができず、疑心暗鬼になっている時代だからこそ、スポーツを通じて友好を図ることに意味がある。グローバリズムの時代のスポーツには、果たすべき大きなミッションがあるのです[12]。

5　総合型地域スポーツクラブの未来像

（1）『スポーツ宣言日本』にみる総合型地域スポーツクラブの役割

以上が『スポーツ宣言日本』が謳っているスポーツの使命ですが、総合型地域スポーツクラブ（以下、総合型クラブ）とのかかわりで見ていくと、私は 1. の「地域生活の多様化」で重要な役割を果たしていくものと思っています。

これから約 100 年後、22 世紀を迎える頃の日本は、人口が今の 1 億 2000 万人からよく見積もって 7000 万〜 8000 万人、悪く見積もると江戸時代の後期と同じ 3500 万〜 4000 万人ぐらいに減るのではないかと言われています。もしそうなったら、今の日本の経済的な豊かさを 2 分の 1 や 3 分の 1 のマンパワーで維持していくのは不可能です。だからこそ、男女雇用均等法をつくって「女の人も働きましょう」と煽ったわけですが、

少子化に拍車がかかってしまい人口はますます減っています。次に「高齢者ももっと働いてください」と、ロボットスーツや補助具を開発して奨励しているわけですが、人口減少のスピードに追いついていないのが実情です。

そうなると、かつてのヨーロッパ諸国が東欧や中近東から大量の移民を受け入れたように、日本も東南アジアの国々から移民を受け入れるしかないことになります。地域であっても隣人に肌の色が違う人、人種の違う人たちがいる社会が当たり前になるでしょう。もはや地域の活性化などという次元ではなく、多様な人たちと絆を結ぶ必要に迫られたときには、言語や信仰、背負っている歴史、文化といったアイデンティティの異なる者同士が理解し合えるツールが不可欠です。私が思うに、それは言葉を使わずにコミュニケーションができるスポーツの重要性をますます高めていくにちがいありません。

民族の移動は、海外から日本に移民が入ってくるだけでなく、日本からも海外に出ていく動きも含めた世界的（グローバル）なものになると思います。そうした移動可能なグローバル社会の中で、みんなが安心して公正な暮らしを営むためのツールとして、スポーツがきちんと理解されていることが非常に重要だと思います。

その中で、なぜ私が総合型クラブに期待しているかといえば、「多種目、多世代、様々な技術レベルの人たちが日常的に集ってスポーツを楽しむ」ことをコンセプトにしている組織だからです。これまでの日本人は「単一民族でみな同じ価値観で生きている」というのが前提にありましたが、もうそんな甘い認識ではいられません。総合型クラブを未来志向で考えていくと、「多種多様な人々を受け入れ、地域が抱えている課題を解決できる重要な組織」として位置づけられますが、その理念が日本の地域社会が近い将来に直面せざるをえないであろうグローバル課題の解決に大いにつながっていく可能性があると予測されるのです。

（2）ヨーロッパ型クラブの発祥と帰属意識

　その前例としてお手本になりそうなのは、やはりヨーロッパのクラブ組織です[13]。

　そもそもクラブという組織形態が庶民に普及したのは 17 世紀後半のイギリスでした。イギリスでは道と道が交差する街頭に人々がたむろします。そこで出会った人々は、共通の趣味や政治談義に花を咲かせるようになりました。生活の場を第 1 の空間とするなら、職場は第 2 の空間、そして見知らぬ者同士が出会う街頭は第 3 の空間です。

　近代的なクラブが生まれたのは、この第 3 の空間においてでした。たむろする人々を観察するうちに「何か商売ができるのではないか」と発想した人たちがいて、お茶を飲んで話ができる掘っ立て小屋のようなコーヒーハウスを建てたのが始まりです。人々は交流するうちに様々な情報交換を行うようになり、その中には新たなビジネスの種になるような面白い話もありました。世界的な保険会社のロイズも、東インド会社がお茶や香辛料をインドからイギリスに運んでくるときに、喜望峰の天候がどうかなどの情報をコーヒーハウスでやりとりしていたことに端を発しています。つまり、クラブというのは生活の場とも職場とも違う"何者でもない自分"がたむろする場で、社会を変えるような新しいビジネスや仕組みを生み出す大きなエネルギーを秘めていたわけです。

　近代イギリスが、なぜ世界に冠たる経済の成長戦略を示すことができたのか。その原点は、まさにクラブにあると言っても過言ではないのです。

　第 2 次世界大戦後のヨーロッパでは民族の大量移動（大量の移民）が発生しましたが、このときもスポーツクラブが果たした役割は大きなものでした。ヨーロッパ全体が EU という 1 つの経済圏としてまとまると同時に、スポーツも自由化されてヨーロッパ選手権や UEFA チャンピオンズリーグ（当初は『ヨーロッパ・チャンピオン・クラブズ・カップ』の名称で各国リーグの優勝クラブの大会だった）を行うようになったのです。ヨーロッパ選手権は国単位、チャンピオンズリーグはクラブ（地域）単位でやるので、チームを応援することがそのまま国や地域に対する帰属意識を育

てます。ですから、ヨーロッパの人々はEUの一員、国の一員、地域の一員としての自覚を、矛盾なく共存させることができるのです。

　スポーツ以外の別の何かで人々をつなぐことが可能だったかというと、私はおそらくたいへん難しかったのではないかと思っています。なぜなら、スポーツは勝ち負けがはっきりと明示されますから、その結果に対して「うれしい」とか「悔しい」といった喜怒哀楽の感情の起伏もわかりやすく出てきます。しかも、それが瞬時にみんなの心を1つにしてしまう力（フォース）を持っている。音楽や芸術にもコンテストのような競い合いの場はありますが、その結果の優劣より個人の好みや志向といった主観が尊重されますから、スポーツのように人々を一緒な感覚にする爆発的な力はありません。

　そうしたスポーツの良さをもっと認め合い、人と人との接着剤の役割を果たすクラブが育つ仕組みをつくらなくてはいけないわけですが、日本ではまだまだそこまでの認知を得られていないのが実情です。ですから、総合型クラブに21世紀的な価値があるとすれば、『宣言日本』の1．に関連させてとらえることが、非常に重要になってくるのではないかと思うわけです。

6　まとめにかえて
―「民」からのアプローチの重要性と総合型クラブ―

　これまでの日本人のスポーツのとらえ方は、喜びや感動、熱狂、興奮など、人々を高揚させる一服の清涼剤のような非日常的なものでした。しかし、2011年3月11日のあの不幸な震災以降、私は変わってきたように思います。人間の生活や暮らしにとって、いろいろな意味でモチベーションを高めてくれるもの、ある種のエネルギーを与えてくれるものとしてスポーツが受け止められ始めたのではないか。生活の現実と向き合うスポーツが、私たちの目の前に非常にリアルに現れてきたのではないかという気がしています。

第4章 「スポーツ宣言日本」の意義と総合型地域スポーツクラブの未来

　震災直後、あるプロ野球選手は「地元の仙台がこんなに被災して大変なときに、われわれは野球なんてやっていていいんだろうか？」と思わず口にしました。関係者のほとんどは同じ思いを抱えていたことでしょう。でも、仙台の人たちは「むしろ、こういうときだからこそやってほしいんだ」と、ホームでの試合開催を心待ちにしていたと言います。多くのスポーツ関係者にとって、これは意外な反応だったのではないでしょうか。

　これまでの私たちは、先ほど言ったスポーツの非日常の「非」のベクトルを、興奮や歓喜といったプラスの状況においてしかとらえられないものだと思っていました。しかし、悲しみとか苦しさという「非」、「まさか自分たちがこんな目に遭うとは思っていなかった」という理不尽な悲劇、アクシデントに遭遇したときにこそスポーツは必要とされたのです。どちらも非日常ではあるものの、そのベクトルはまったく逆です。しかし、その逆のベクトルをもつスポーツだからこそ、実はそれが私たちの「日常を支えている」のだという現実を、私たちはしっかりと受け止めなければいけません。スポーツと生活は非常に大きなつながりを持っているのです[14]。

　今、スポーツは世界が1つになれる最も重要な価値の1つになっています。それは、人種や国家、言語、宗教など、ありとあらゆる違いをすべて超える1つのネットワークやつながりが持てる存在であり、それだけの価値を有しています。『宣言日本』で述べられたスポーツの21世紀的価値をより多くの人に伝道していくことが非常に重要です。22世紀になったとき、「スポーツ？　そんなものはもうありませんよ」と言われることがないように、引き継いでいくのが私たちの役割です。

　その実現のためには、「民」と「官」がお互いに協力し合ってスポーツを発展させていくことが理想ですが、『スポーツ基本法』を見てもわかる通り、官のやることには明確な目的と理由が必要で「自発的な楽しみ」を基調とするスポーツを扱うには今のところ限界があります。民の立場からアプローチするからこそ、日常の中でスポーツと向き合っている人たちだからこそ、『宣言日本』のいうスポーツの21世紀的価値を発信していく意義があります。ここでは、むしろ「民」が率先してスポーツを主導し、

グローバルな立場から国の限界を示していくことが重要ではないでしょうか。その意味で、『宣言日本』は『スポーツ基本法』を超えるものだと私は思いますし、総合型クラブの未来像もスポーツの 21 世紀的価値を体現していくものであってほしいと切に願っています。

【参考文献】
1) 日本体育協会・日本オリンピック委員会編・発行, 2012, スポーツ宣言日本〜 21 世紀におけるスポーツの使命〜, 日本体育協会・日本オリンピック委員会 100 年史 PART1：日本体育協会・日本オリンピック委員会の 100 年, pp.580-581.
2) 菊幸一, 2011, はじめに：日本体育協会創成期における体育・スポーツを考えることは、なぜ体育・スポーツの今日的課題につながるのか, 菊幸一（研究班長）日本体育協会スポーツ医・科学白書, 平成 22 年度日本体育協会スポーツ医・科学研究報告Ⅲ, 日本体育協会, pp.3-5.
3) 佐伯年詩雄, 2005, スポーツの概念と歴史, 日本体育協会編・発行, 公認スポーツ指導者養成テキスト共通科目Ⅰ, pp.32-39.
4) 菊幸一, 2006, スポーツ行政施策からスポーツプロモーション政策へ, 菊幸一ほか編, 現代スポーツのパースペクティブ, 大修館書店, pp.96-112.
5) 厨義弘・大谷義博編, 1990, 地域スポーツの創造と展開, 大修館書店.
6) 菊幸一, 2000, 地域スポーツクラブ論 ―「公共性」の脱構築に向けて―, 近藤英男ほか編, 新世紀スポーツ文化論　体育学論叢Ⅳ, タイムス, pp.86-104.
7) 菊幸一, 2005, 我が国のスポーツプロモーション, 日本体育協会編・発行, 公認スポーツ指導者養成テキスト共通科目Ⅱ, pp.21-28.
8) 菊幸一, 1999, 「時間がない！」のナゾ, みんなのスポーツ, 21（3）（通巻 239 号）：pp.8-10.
9) 野々宮徹, 1999, スポーツ政策の展開, 池田勝・守能信次編, スポーツの政治学, 杏林書院, pp.12-30.
10) 仲澤眞, 2012, スポーツによる「公正で福祉豊かな地域生活」の創造, 日本体育協会・日本オリンピック委員会編・発行, 日本体育協会・日本オリンピック委員会 100 年史 PART1：日本体育協会・日本オリンピック委員会の 100 年, pp.544-549.
11) 菊幸一, 2012, スポーツで考える「環境と共生」の時代, 日本体育協会・日本オリンピック委員会編・発行, 日本体育協会・日本オリンピック委員会 100 年史 PART1：日本体育協会・日本オリンピック委員会の 100 年, pp.552-557.
12) 清水諭, 2012, スポーツが築く「平和と友好」に満ちた世界, 日本体育協

第4章 「スポーツ宣言日本」の意義と総合型地域スポーツクラブの未来

会・日本オリンピック委員会編・発行，日本体育協会・日本オリンピック委員会100年史 PART1：日本体育協会・日本オリンピック委員会の100年，pp.560-565.

13) 小林章夫, 1991, 情報が価値をもったとき ― ロンドンのクラブ文化から ―, 小林章夫ほか，クラブとサロン，NTT出版，pp.10-31.

14) 佐伯年詩雄, 1996, みるスポーツの構造, 文部省競技スポーツ研究会編,「みるスポーツ」の振興，ベースボールマガジン社，pp.50-58.

第5章

「国策」としての
総合型地域スポーツクラブを考える

森川貞夫

1　はじめに　—地域スポーツの定着度を測る「ものさし」

（1）クラブ加入率に見る総合型地域スポーツクラブ効果

　先ず表1の年表をご覧ください。備考欄に「クラブ加入率」というのを入れています。これは「体力・スポーツに関する世論調査」（総理府、後の内閣府）の「クラブ・同好会への加入状況」を示す数字です。私はスポーツがその国や地域にどれだけ定着しているかを見るバロメーター（「ものさし」）としてこのクラブ加入率で見ています。
「あなたはこの1年間に運動やスポーツをやったことがありますか」という問いに「ある」と答えた数字はスポーツ実施率（％）を示すことになりますが、しかしこれは年にたった1回やっても「スポーツをやった」ことになるわけですから、スポーツの定着度を見るにはある程度、スポーツや運動を持続的・系統的に行っている人の割合を見るにはこのクラブ加入率で見たいということです。
　一番最初に出ている数字は1972年の保体審答申（文部省・保健体育審議会答申の略）が出たときですが、クラブ加入率は7.0％です。その後ずっと増えていきますが、1980年以降は15％を越え、1991年に17.7％というのが最高値となります。しかしその後に下がりはじめ、最新のデータでは2013年のクラブ加入率は16.2％となっています（「『体力・スポーツに関する』世論調査」文部科学省、平成25年1月調査）。
　総合型地域スポーツクラブ育成モデル事業は1995年から始まりましたが、このクラブ加入率を左右するほどには影響を及ぼしていないということになりますね。要するに文科省や日体協（日本体育協会）が総合型地域スポーツクラブ育成事業にずいぶん力を入れて支援してきたけれど、日本全体で見ると、クラブ加入率にはほとんど影響を及ぼしていません。したがって地域スポーツ政策としての総合型スポーツクラブを量的側面から見るとほとんどその効果はなかったということになります。

第5章 「国策」としての総合型地域スポーツクラブを考える

表1　年表・日本における地域スポーツ政策の推移

	国の政策・答申等	備考
1946	通達「社会体育の実施に関する件」(文部省) 通達「社会体育振興のための市区町村での体育指導員設置と補助金交付について」(文部省)	
1950	「社会体育第一次実態調査」(文部省)	
1951	「社会体育指導要項」(文部省)	
1957	通達「地方スポーツ振興について」(体育指導委員の設置)	約2万人
1958	答申「スポーツ振興のための必要な立法措置及び内容について」(保健体育審議会)	
1960	全国体育指導委員協議会発足 文部省『社会体育─考え方・進め方』発行	
1961	スポーツ振興法公布	
1962	スポーツ教室開設費補助、運動場整備費補助の開始	体協、スポーツ少年団設立
1964	文部省『日本スポーツの現状』 東京オリンピック開催	
1965	「体力づくり国民会議」の設立	
1966	第1回「体育の日」	
1967	諮問「体育・スポーツ普及振興に関する基本方策について」 (文部大臣から保健体育審議会へ)	
1970		第1回全国家庭婦人バレーボール大会
1972	保体審「体育・スポーツの普及振興に関する基本方策について」	クラブ加入率7.0%(総理府)
1973	「地域住民スポーツ活動振興指定市町村」(文部省) 文部省「施設整備緊急五ヵ年計画」(後、オイルショックで破棄) 閣議決定「経済社会基本計画」(コミュニティ・スポーツの振興)	
1974	経済企画庁「コミュニティー・スポーツ施設整備計画調査報告書」	「社会体育行政職員等の調査」
1975	派遣社会教育主事(スポーツ担当)制度	「社会体育実態調査」(施設調査)
1976	通知「学校体育施設開放事業の推進について」 文部省「日常生活におけるスポーツ推進に関する調査研究協力者会議のまとめ」 (地域スポーツにおけるクラブの位置づけ、教室からクラブへ、クラブ連合)	加入率13.0% 文部省「地域スポーツクラブ育成指定市町村調査」
1977	文部省「地域スポーツクラブ育成指定市町村事業」	体協「公認スポーツ指導者制度」制定
1979		加入率14.7%
1982	文部省「生涯スポーツ推進指定市町村の設置」	加入率17.6%
1983	閣議決定「地域のスポーツ、文化、芸術活動の振興に関する連絡会議」の設置	
1985		加入率15.3%
1986	建議「社会体育指導者の資格付与制度について」(保健体育審議会)	
1987	文部省「社会体育指導者の知識・技能審査事業」 文部省「地域スポーツクラブ連合育成事業」	
1988	「スポーツ振興に関する報告書」(スポーツ振興に関する懇談会)	加入率17.5%
1989	保体審「21世紀に向けたスポーツの振興方策について」 (公共スポーツ施設整備に対する国の責務放棄)	

121

年	事項	備考
1990	通商産業省産業政策局『スポーツビジョン21』 「生涯学習振興法施行」	
1991	「スポーツ振興基金（仮称）について（スポーツ振興基金創設にかかわる研究協力者会議）	加入率 17.7%
1992	文部省「スポーツ活動推進地域指定事業」	
1994		加入率 16.2%
1995	文部省「総合型地域スポーツクラブ育成モデル事業」	「地域スポーツクラブの育成と地域活性化に関する調査」三菱総研
1996		
1997	保体審「生涯にわたる心身の健康保持増進ための今後に健康に関する教育及びスポーツの振興のあり方について」	加入率 17.0%
1998	「スポーツ振興投票の実施等に関する法律」公布	
1999	保体審「スポーツ振興基本計画のあり方について」（諮問）	
2000	文部省「スポーツ振興基本計画」発表	
2001	「サッカーくじ」（toto）販売開始	
2002	スポーツ振興くじ助成金交付	
2003	総合型地域スポーツクラブ育成事業終了（体協へ）	
2004	「子どもの体力向上キャンペーン」（文部科学省） 総合型地域スポーツクラブ育成推進事業（体協）	加入率 15.8%
2006	文科省「スポーツ振興基本計画」改定	
2007		「スポーツ立国ニッポン」（遠藤レポート）
2009		加入率 16.2%
2010	文科省「総合型地域スポーツクラブに関する実態調査」	「総合型地域スポーツクラブの設立効果に関する調査研究」三菱総研
2011	文科省「スポーツ立国戦略―スポーツコミュニティニッポン」 スポーツ基本法制定	
2012	文科省「総合型地域スポーツクラブに関する実態調査」 文科省「スポーツ基本計画」	
2013		加入率 16.2%

2　国民のスポーツ活動の実態と「スポーツの客観的条件」

　国民の「だれもが、いつでも、どこでもスポーツをする」ための客観的な条件は、①かね（経済的なゆとり）、②ひま（自由時間）、③ばしょ（スポーツの施設・用具）が十分に整っていることでしょう。もちろん中には運動やスポーツをやりたくても健康・身体的理由その他でスポーツができない人も居ますが、ここではそれらをとりあえず捨象して考えてみたいと

思います。

（1）公共スポーツ施設の減少と国のスポーツ予算

　珍しく文科省は『文部科学白書2010』（文科省、2010年）で「国民スポーツ活動の現状と課題」（同上、p.52-55）という一節を設けて今日の国民のスポーツ活動の「現状と課題」について述べていますが、そこでは「子どもの体力低下」の「二極化傾向」同様に「成人のスポーツ活動」についても同じ傾向があることを指摘して次のように書いています。「成人の週1回以上のスポーツ実施率を世代別に見ると、特に20代男性や30代女性で低くなっていることが分かります。また、70歳以上の者については、実施率が5割を超える一方で、1年間に『運動・スポーツはしなかった』とする者が39.9％と、二極化が進む傾向が見られます」（p.53）という叙述です。私が注目したのはその後の叙述ですが、このような（スポーツをする者としない者の）「二極化」の原因として以下のようにとらえていることです。

　すなわち、「身近なスポーツ活動の場の確保・充実」というところで「わが国の体育・スポーツ施設数は、ピークであった昭和60年度に比べ、平成20年度には約7万カ所減少しています。他方で、スポーツ活動を行わなかった理由として、場所や施設の不足を挙げる割合を見てみると、昭和60年度から平成21年度の間に2倍以上に増加しており、身近なスポーツ活動の場である体育・スポーツ施設の減少が国民のスポーツ活動にマイナスの影響を与える様子がうかがわれます」（同上、p.57）。

　詳しくは『白書』に譲りますが、いずれにしても公共スポーツ施設や学校スポーツ施設、体育施設も含めて大幅に減ったことを文科省が率直に認めたのは初めてではないかと思います。しかし『白書』はそれ以上のことは書いていませんが、まったく触れていないのが国のスポーツ施設予算の推移です。それを別の資料（「社会体育施設整備費の推移」）で補足しますと、1995年に124億円あった「社会体育整備費」は年々減り、2004年には10億円となり、ついに予算項目から消えました（ピーク時で180億円）。

それはなぜかというと、後でもふれますが、1989年当時、文部省・保健体育審議会の答申で、「国はスポーツ施設整備はしない代わりにこれからは都道府県・市町村にお任せします」ということで国の責務を地方自治体に転嫁したからです。また2006年のスポーツ振興法「改正」までは第20条（国の補助）には「国は地方公共団体に対し、予算の範囲内において政令で定めるところにより、次の各号に掲げる経費についてその一部を補助する。この場合において国の補助する割合は、それぞれ当該各号に掲げる割合によるものとする」ということで、地方公共団体が設置する学校のプール、それから地方公共団体が設置する一般の体育施設等は3分の1補助するという項目があったのですが（都市公園法によると2分の1補助）、それが2006年の地方分権一括法とともに、地方交付金の中にこういう補助金を入れるから、あとは地方自治体が自分たちの裁量で好きなように予算編成するという、一見、「地方自治」を尊重したような形で削除されました。その結果、どうなったかは各地方公共団体の実情をご存知の方はおわかりかと思いますが、どこの自治体も財源難のためにスポーツ施設整備・建設ではなく、他の予算に回すということになり、結果としてスポーツ施設建設にはほとんど回りませんでした。ですから、多くの公共スポーツ施設は老朽化が進み、年数とともに改修が必要にもかかわらず修繕もままならず、やがて使用禁止・閉鎖という状況が進んでいます。

3　1972年「保体審答申」から1989年「保体審答申」へ

（1）「47保体審答申」の基本的特徴

　旧文部省時代に体育局に保健体育審議会（以下、保体審）が設置されて時々の体育・スポーツの課題等について文部大臣に答申を出していました（現在は中央教育審議会青少年・スポーツ部会）。ここに2つの、まったく性格の異なる「画期的」な「答申」があります。1つは「47保体審答申」あるいは「保体審答申72」と呼ばれますが、1972年の保体審答申を指しています。その特徴を大きく3つにとらえておきます。

第5章 「国策」としての総合型地域スポーツクラブを考える

　第1は、選手・学校中心のスポーツからの脱皮、すなわち地域・草の根のスポーツにシフトしようという画期的な答申内容です。「これまでの体育・スポーツは学校を中心に発達し、また、選手を中心とする高度なスポーツの振興に重点が置かれ、一般社会における体育・スポーツを振興するための諸条件は必ずしも整備・充実されるに至らず、今や広く国民の要請に応じ得ない状況にある。このような現状を打破し、長期的な展望に立って、すべての国民がいわゆる生涯体育を実践できるような諸条件の整備に資するための基本方策を樹立し、真剣にその実践に取り組むべきである」と書いています（傍点、森川）。

　第2は、スポーツ振興のための諸条件の整備・充実、具体的にはスポーツ施設の整備基準を示したことです。旧西ドイツのゴールデンプラン（15年計画）を参考にしながら保体審の特別専門委員会が我が国で初めてのスポーツ施設の整備基準を策定しました。「それぞれの市町村で約20％（正確には19.1％）にあたる人々が、少なくとも週1回、施設を利用してスポーツを行えるようにすることを基本として策定された」（菅原禮・望月健一・粂野豊編著『現代社会体育論』不昧堂出版、1978年、p.289）のですが、実際には施設別、地域の人口規模に応じて必要な施設数の基準を示し、国・自治体の条件整備義務を明確にしました（後に、「充足率」が問題になり、この「整備基準」自体が消えてしまって今はこの整備基準を知っている人も少ないと思います）。

　第3は、地域のスポーツ振興に「グループづくり」を奨励したことです。「自発的なグループが数多く生まれ、それが活発な活動を展開するようになるためには、施設の整備、指導者の養成・確保などの諸施策を推進し、自発的なグループの育成に努め、広く国民の欲求に応じることができるような配慮が大切である」というものです。たとえば東京・三鷹市の「スポーツ教室からグループづくりへ」という「三鷹方式」が当時盛んに紹介されました。要するに、スポーツ教室を開いて修了したら、その後は教室の修了者たちが自分たちで自主的にグループを作っていくというものです。「47保体審答申」を通して施設整備基準を設け、トップアスリートのス

ポーツではなく一般の人たちのスポーツを何とか奨励・振興しようと一度は取り組んだ、真剣にそういうことを考えた時期が文科省にもあったわけです。しかしこの答申直後に日本を襲った経済不況・オイルショックのためにこの「施設整備基準」が手直しされ、やがて消えて行き、ザル法である「スポーツ振興法」がそのまま残されたまま時代は過ぎ去っていきました。せっかくの「チェンジ」のチャンスを私たちは変えることができませんでした。これは、スポーツの主体、私たちの力量不足と言っていいと思います。

（2）「21世紀に向けたスポーツの振興方策について」（保体審答申89）の問題点

　やがて1989年に新しい保体審答申が出ます。「21世紀に向けたスポーツの振興方策について」というタイトルですが、いくつかの大きな問題点があります。その第1は、すでにふれましたが先の「47保体審答申」における「日常生活圏域における体育・スポーツ施設の整備基準」の見直しを行い、「地域住民が日常的に身近に利用できるスポーツ施設は、基本的には各都道府県・市町村において整備が進められることが望ましい」と、国の責務を地方自治体に転嫁したことです（傍点、森川）。

　第2は、「受益者負担」「委託化」への「水路づけ」をしたことです。中曽根首相による「戦後政治・戦後教育の総決算」路線は、いわゆる新自由主義路線につながっていくのですが、英国のサッチャー首相流の経済政策を推し進め、国のスポーツ政策を整理するという名目で実際には本来の国の責務をどんどん解除・緩和していったのです

　第3は、スポーツにおける専門職制度の確立を放棄し、1985年の「地方行政大綱」の流れに沿って出てきた「社会体育指導者の知識・技能審査事業の認定に関する規程」（1987年）の追認をしたことです。要するに、この「社会体育指導者」というのは珠算検定や書道検定などと同じで国家検定や国家資格ではありません。「民間活力の活用」「自助努力」というと言葉はいいですが、国はスポーツにはこれまでのようにはお金をかけない

のでやりたい人たちが自分たちの力でやりなさいという、いわば「安上がりスポーツ行政」へ一層の拍車をかけたのです。とどのつまりが先にふれた2006年のスポーツ振興法改正によって、地方交付金の中に施設整備費にあたるお金を一括にまとめ（実際には額は増えていません）、もし公共スポーツ施設を造るなら、地方自治体がその交付金の中から好きなように引き出しなさいというわけです。

しかし結果的には、地方自治体はますますスポーツどころではないという状況の中で新しいスポーツ施設を造ることはほとんど難しくなってしまいました。特に地方の市町村では、地方交付金の中から一部をスポーツに回すことはなかなかできません。保育園・病院・養護施設・学校建設という風に他にお金がかかるところがもっといっぱいあるわけで、スポーツどころではないという状況かと思います。

4 総合型地域スポーツクラブの「現状と課題」

(1)「総合型地域スポーツクラブ」推進事業の到達点

2000年の「スポーツ振興基本計画」から11年が経過し、新たに「スポーツ基本計画」（以下、「基本計画」）が策定されました。生涯スポーツ・地域スポーツ政策の領域では「3. 住民が主体的に参画する地域のスポーツ環境の整備」において「政策目標」として「住民が主体的に参画する地域のスポーツ環境を整備するため、総合型地域スポーツクラブの育成やスポーツ指導者・スポーツ施設の充実等を図る」を掲げ、「施策目標」で「総合型クラブを中心とする地域スポーツクラブがスポーツを通じて『新しい公共』を担い、コミュニティの核となれるよう、地方公共団体の人口規模や高齢化、過疎化等に留意しつつ、各市区町村に少なくとも1つは総合型クラブが育成されることを目指す」（基本計画、p.22）と謳っています。

さて今回も地域スポーツの「中心」に総合型スポーツクラブの育成を掲げ、「各市町村に少なくとも1つ」という数値目標を掲げているのですが、周知のようにこれは2000年の「スポーツ振興計画」（文部省、2000年）

で掲げられたものと同じものです。すなわち、「生涯スポーツ社会の実現に向けた、地域におけるスポーツ環境の整備充実方策」の「Ａ．政策目標達成のための必要不可欠である施策」において「誰もがスポーツに親しむことのできる生涯スポーツ社会を21世紀の早期に実現するため、国民が日常的にスポーツを行う場として期待される総合型地域スポーツクラブの全国展開を最重点施策として計画的に推進」するための「到達目標」として「2010年（平成22年）までに、全国の各市区町村において少なくとも1つは総合型地域スポーツクラブを育成する」（同上、p.4）とあります。

　総合型地域スポーツクラブは1995年の「育成モデル事業」から数えてすでに15年以上の月日が経過していますが、未だその目標に達していないのはなぜか、それを解くための「鍵」が先に述べてきた「47保体審答申」から「保体審答申89」への「流れ」の中にあるわけです。その「鍵」を解く前にくどいようですが、総合型地域スポーツクラブがどうなっているか、「現状と課題」を「基本計画」ではどう書いているかを確認したいと思います。

　「総合型の設置率は、平成23年7月現在、市（東京23区を含む）のみの場合は90.9％であり、町を加えると75.4％と低くなる。この地域差の背景には各市区町村の人口規模や高齢化・過疎化等の要因が存在すると考えられる」と「基本計画」（p.22）は分析しています。

　念のために、「平成23年度　総合型地域スポーツクラブに関する実態調査結果」（文科省、2012年2月）で検討したいと思います。そこでは「自己財源率が50％以下のクラブが半数以上を占めており、財政基盤が弱い総合型が多い」と書いてあります（同上、p.23）。さらに詳細なデータが表としてまとめられていますが、先ず「クラブ創設のきっかけ」（図1）については、「自治体からのすすめで」が57.5％でトップです。以下「体育指導委員からのすすめで」17.4％、「体育協会からのすすめで」が14.8％と続きます。自分たちから進んで設立した、というふうに理解できるのは、「母体となる活動から自主的・自然に」が24.7％、「地域住民の声から」が11.7％です。要するに、60％近くが「ほとんど上からのすすめ

第5章 「国策」としての総合型地域スポーツクラブを考える

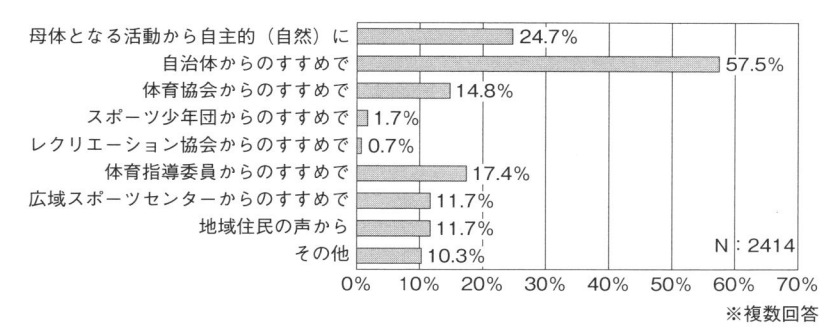

```
母体となる活動から自主的（自然）に    24.7%
自治体からのすすめで              57.5%
体育協会からのすすめで            14.8%
スポーツ少年団からのすすめで        1.7%
レクリエーション協会からのすすめで   0.7%
体育指導委員からのすすめで         17.4%
広域スポーツセンターからのすすめで   11.7%
地域住民の声から                 11.7%
その他                        10.3%
                           N：2414
0%  10%  20%  30%  40%  50%  60%  70%
                    ※複数回答
```

図1　総合型地域スポーツクラブ創設のきっかけ
出典：平成23年度総合型地域スポーツクラブに関する実態調査（文部科学省、平成24年2月）

で」設立されたわけで、残り36.4％が「下から」ということがわかります。ですから、総合型といっても、実は「上から」作られたケースが多いと理解してよいでしょう。

また、「平成22年の会員総数」（規模別クラブ、図2）のグラフが出ていますが、会員数「100人以下」が22.6％、「101人から300人」が45.2％、「301人以上」が25.4％で「300人以下」が圧倒的です。会費の徴収の平均月額（図3）は、半数が何と月に200円以下で、また予算規模は年間200万円以下が50.2％です。総合型クラブというのは、それほど大きな規模ではなくて、自己財源率も過半数を超えているところがありません。ですから、「自主運営・自主管理」と言葉はいいですけど、なかなか難しいという実態です。

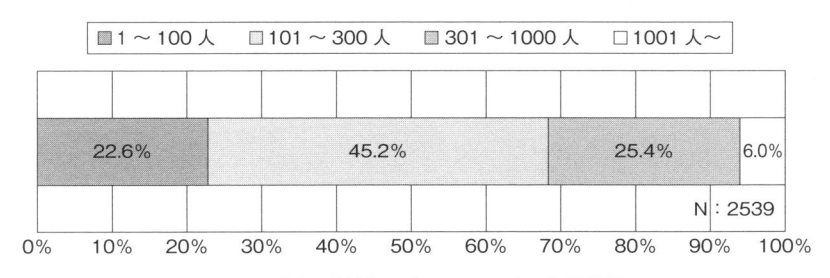

```
■1～100人  □101～300人  ■301～1000人  □1001人～

| 22.6% | 45.2% | 25.4% |6.0%|
                              N：2539
0%  10% 20% 30% 40% 50% 60% 70% 80% 90% 100%
```

図2　総合型地域スポーツクラブの会員総数
出典：平成23年度総合型地域スポーツクラブに関する実態調査（文部科学省、平成24年2月）

129

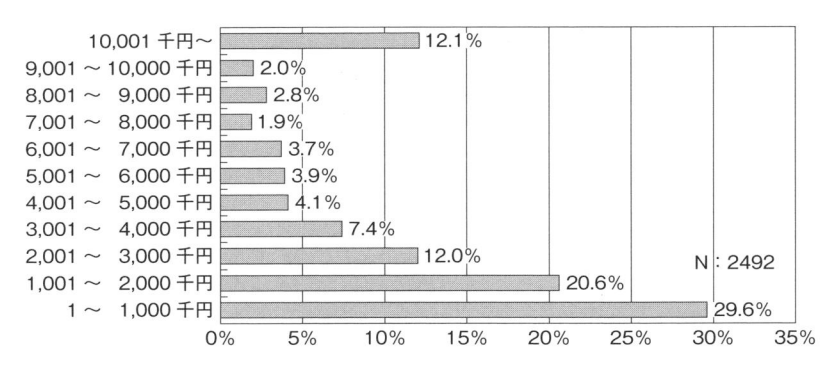

図3　総合型地域スポーツクラブの予算規模

予算規模	割合
10,001千円〜	12.1%
9,001〜10,000千円	2.0%
8,001〜9,000千円	2.8%
7,001〜8,000千円	1.9%
6,001〜7,000千円	3.7%
5,001〜6,000千円	3.9%
4,001〜5,000千円	4.1%
3,001〜4,000千円	7.4%
2,001〜3,000千円	12.0%
1,001〜2,000千円	20.6%
1〜1,000千円	29.6%

N：2492

出典：平成23年度総合型地域スポーツクラブに関する実態調査（文部科学省、平成24年2月）

（2）総合型クラブの抱えている課題

　総合型クラブの活動拠点の種類は、圧倒的に学校体育施設、もしくは公共スポーツ施設です。当然といえば当然ですが、ヨーロッパ、特にドイツなどのように、自分たちの財産でクラブハウスやスポーツ施設を維持・管理するという状況とはほど遠いですね。ほとんどが借り物と言っていいと思います。

　では、総合型クラブの設立によって地域にどんな変化があったのでしょうか。「地域住民間の交流が活性化した」が59.2％、「世代を超えた交流が生まれた」が60.7％、「地域住民のスポーツ参加機会が増えた」62.3％です（図4参照）。一方で、総合型クラブの現在の課題は何かを尋ねてみると、「会員の確保」が70.7％、「財源の確保」が55.0％、「指導者の確保」が51.0％です。

　つまり、「総合型はオールマイティーではありません。もし、できる条件があればそれは結構だけれども、総合型を立ち上げることで地域スポーツのすべての問題の解決にはならない」とこれまで私は主張してきましたが、今もその考えは変わりません。やはり、全体的に見ると、総合型クラブが今抱えている問題は、多くのクラブが悩んでいることと同じように、「新しい会員がなかなか増えない」「財政規模が増えない」「財政状況がよ

第5章 「国策」としての総合型地域スポーツクラブを考える

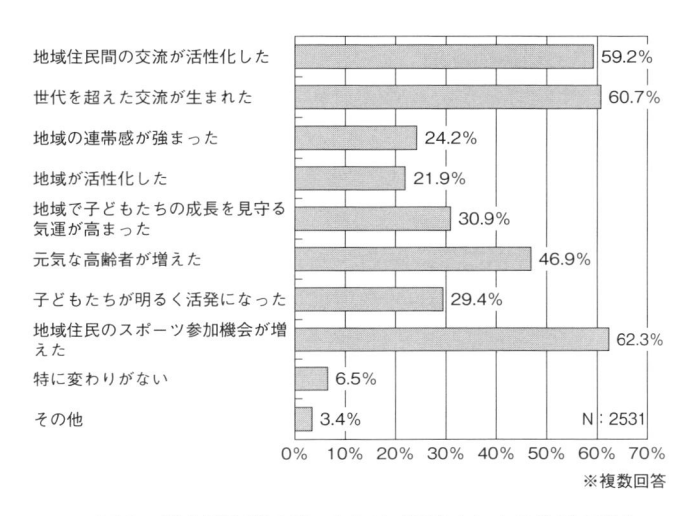

項目	割合
地域住民間の交流が活性化した	59.2%
世代を超えた交流が生まれた	60.7%
地域の連帯感が強まった	24.2%
地域が活性化した	21.9%
地域で子どもたちの成長を見守る気運が高まった	30.9%
元気な高齢者が増えた	46.9%
子どもたちが明るく活発になった	29.4%
地域住民のスポーツ参加機会が増えた	62.3%
特に変わりがない	6.5%
その他	3.4%

N：2531
※複数回答

図4　総合型地域スポーツクラブの設立による地域の変化
出典：平成23年度総合型地域スポーツクラブに関する実態調査（文部科学省、平成24年2月）

くならない」「自己財源率がなかなか変わっていかない」と、こういう状況が圧倒的だと思います。

（3）施設整備の置き去りと総合型クラブの存在

　先ほどふれたように「基本計画」では総合型クラブの設置率が75.4％と出ていますが、2000年には全国の市区町村の数は3,232あったわけですが、二度にわたる「平成の大合併」によって現在1,727になっています。その数字で設置率が75.4％ですから。スタート時の3,232で設置率を出したら設置率はかなり低くなるのではないかと思います。ですから、かけ声の割には、総合型地域スポーツクラブはそれほど広がってはいないのではないかと個人的には思っています。

　また、「基本計画」では先にふれたように「住民が主体的に参画する地域のスポーツ環境の整備」のために、「政策目標」として「総合型地域スポーツクラブの育成やスポーツ指導者・スポーツ施設の充実等を図る」とありますが、スポーツ環境の整備を言うのであれば、先ずは公共スポー

131

施設の整備をはじめとして、やるべきことはもっと他にあるだろうと思います。しかし、国は「総合型クラブを含む地域スポーツクラブの財源の拡充のために国が資金援助をする」とは書きません。どう書くかというと「会費収入の増加につながる会員募集の広報活動や認定NPO法人制度の積極的な活用、地元企業とのパートナーシップの確立により広く寄付を集める取り組み、公共の施設の指定管理者となることにより、その収入を運営財源にするための取り組み等の優良事例を収集・検討し、地方公共団体や各地域スポーツクラブに対して普及・啓発を図る」（同上、p.24）と書かれています。

比較的お金のかからない広報・宣伝はどんどんやり優良事例も集め紹介しますということでしょう。肝心なスポーツ施設の充実については一切触れません。そのあたりのことについては、施策目標として「地域における身近なスポーツ活動の場を確保するため、学校体育施設等の有効活用や地域のスポーツ施設の整備を支援する」というふうに書かれています。要するに、公共スポーツ施設を新しくつくることはしませんから、今ある学校体育施設等を上手に使いなさいということです。

その理由には「地域におけるスポーツ活動の場であるスポーツ施設は、近年、減少傾向にあり、特に全体の6割以上を占める学校体育・スポーツ施設については、ピークであった1990年度（156,548箇所）から2008年度（136,276箇所）までの間に約2万箇所超える大幅な減少となっている」ことを指摘しています。「施設数が減少した背景には、少子化に伴う学校の統廃合等による学校数の減少や、地方公共団体の厳しい財政状況のもとに既存の施設が閉鎖されたり、新たなスポーツ施設の整備が抑制されたこと等が影響していると考えられる」ということです。また「こうしたスポーツ施設の減少への対策として、最も身近なスポーツ施設である学校体育施設を、地域住民がこれまで以上に有効かつ効率的に活用できるようにすることが具体的な方策の一つであると考えられる」（同上、p.28-29）というふうに、公共スポーツ施設は増やせないし、増やさないから、今ある学校施設を自分たちでやり繰りしなさいと。

したがって「小さいクラブ」が乱立してスポーツ施設争奪戦にならないようにあらかじめ総合型スポーツクラブに吸収・包含してその内部で「利用調整」などを上手にやりなさい。後は自助努力で財政力もつけなさいというのがほんとうのところかと思います。しかし仮に学校統廃合によって活用が見込まれる学校施設を総合型地域スポーツクラブなどの拠点施設に全面開放するとか、管理委託させるという施策も現状では全国的に進んでいるとはかんたんに言えないでしょう。

5　おわりに
　　―自主的・自発的な地域スポーツクラブの発展のために

　ここで「国策」としての総合型地域スポーツクラブが抱えている問題点の指摘は終わりにしますが、大事なことは地域・住民にとってどのようなスポーツクラブに加入するか、あるいはどのようなスポーツクラブを創るかは、本来、住民の主体性に委ねられているものではないかと思います。要するに、地域・住民が「自らの実際生活に即して」（社会教育法第3条）自由に選択・決定していくべき「スポーツの自由と権利」の問題であり、「上（国家）から」与えられたり、押しつけられるものではないということです。

　にもかかわらずなぜこのように総合型地域スポーツクラブ政策が続くかはもう十分におわかりかと思いますが、少ない予算、少ない施設、少ない専門職、貧困な今日のスポーツ行政を覆い隠す「いちじくの葉」の役割をになわされているではないかと私は思います。繰り返しますが、私自身はすべての総合型地域スポーツクラブを否定するわけでなく、条件のあるところではどうぞおやりください、ただし、単一種目のスポーツクラブでも、たとえ小さいクラブであろうともそれがあなたの選んだクラブならどうぞ続けて活動してください、そしてできることなら「共通な課題・テーマ」について「ゆるやかなネットワーク」で連携・協同の輪を地域で広げてはいかがですか、と申し上げているのです。

（1）地域スポーツクラブの創造的発展めざして

　地域スポーツクラブの発展のパターンを類型化してみました（表2参照）。「誕生期」「成長期」「第一次安定期」「発展期」の次の「スポーツ運動型」が理想像であると思っています。もしも、総合型がこれから生き残っていくとすれば、最後の「スポーツ運動型」に可能性があると考えています。

　スポーツクラブというのは、練習というか、技術を中核としてどういう練習組織を上手に運営していくかということがあります。また、集団である以上は、スポーツに限らずどんなグループ・集団でもそうですが、集団をどう運営していくかという集団の運営構造と活動組織、この2つの視点で分析していく必要があります。

　それに応じて、指導スタイルと活動スタイルが決まっていくわけで、できたばかり（「誕生期」）のスポーツクラブは、集団の運営構造もインフォーマルというか未分化です。したがって、指導のスタイルはワンマン的か放任的かどちらかで、活動スタイルも命令・服従、もしくは自由分散的です。しかしクラブは誕生から数カ月あるいは1年、2年ですぐに「成長期」を迎えます。「成長期」ではクラブのリーダーがある程度固定して、練習組織もキャプテン中心に試合のときも日常の練習のときもその中心メンバーとなります。

　「第一次安定期」になってくると、複数のリーダーが育ってきて分権的に役割分担ができるようになります。集団の運営構造がある程度できてくるし、練習も、上手な者だけではなくて下手な者も含めて90分なり2時間なり、どんなふうに練習していけばいいかということも自分たちである程度できるようになっていきます。

　「発展期」になってくると、自分たちで「総括」ができることがポイントです。「総括」というのは、自分たちの活動について、いいも悪いも、年度当初に活動計画・活動方針にもとづいて活動し、1年たったときにきちんと自分たちで反省・評価をすることです。そして、やってよかったこととうまくいかなかった、できなかったところを反省して、次の年の方針や活動の計画を立てていくわけです。それがある程度できるようになってい

第5章 「国策」としての総合型地域スポーツクラブを考える

表2　地域スポーツ組織・クラブの発展パターン（森川試案）

クラブメンバーの拡大	誕生期	成長期	第一次安定期	発展期	スポーツ運動型へのクラブ自治の確立、協働による成長
（大←組織の規模→小）	創造による成長↓リーダーシップの危機	指導監督による成長↓自律性の危険↑若い	権限委譲による成長↓コントロールの危機（組織の年齢）	調整による成長↓形式主義セクト主義、官僚主義の危機　成熟	？　期間の長さ→
集団の運営・構造	未分化　非公式	クラブリーダー固定　集権的	分権的　世話役・リーダー層、係分担、ミーティング	総会の成立　原案提出	新しいリーダー層　連合化への核
指導のスタイル	ワンマン的（権威）放任	指揮的	協働的　委譲型	「参加」の確立	自治
活動組織の構造（練習組織）	未分化（チーム）非公式	キャプテン固定　一定の役割分担（技術・コーチ）	班編成（自律性に欠ける）	班競争の導入　クラブとチームの区別→（自律性出てくる）	枝分かれ　連合化
活動スタイル	命令・服従　自由分散	形式的役割分担（リーダー依存）職能部制	方針・計画分権的かつ地域別構造	総括準備	総括できる
運営・指導の要点	技術向上とメンバーの人間関係、楽しさ	一定の規則、約束ごとをつくる、大会参加、財政確立	仲間の拡大、PRプログラムの豊かさ、ニュース便りの発行	学習、他団体との交流	白書づくり、地域スポーツ計画の作成、地域への働きかけ
スポーツの主人公にふさわしい能力	①スポーツの楽しさを味わえる技術能力を育てる	○	○	○	○	○
	②仲間づくり、クラブ組織運営能力		○	○	○	○
	③練習計画、指導計画を自分たちで立てる			○	○	○
	④外的条件の獲得、克服				○	○

注：厨義弘，1983，日本体育学会第34回大会発表資料を参考に森川作成．（野中郁次郎ほか，1978，組織現象の理論と測定，千倉書房．）

135

ったら、クラブとしては一人前ということです。
　と同時に、自分たちのスポーツする条件を主体的に検討していくことでもあります。「白書作り」とか、「地域スポーツ計画の作成」です。練習場所の確保が難しい、今のままでは練習日を増やせないなどの当面する課題に対して、その解決策を内々ではなくて外へ向けて発信してスポーツの条件を整えていく活動です。これが私のイメージしているスポーツ運動型です。
　発展期と運動型辺りのところが分かれ目だと思います。そのときに「スポーツの主人公」にふさわしい能力として、①「スポーツの楽しさを味わえる技術能力を育てる」、②「仲間づくり、クラブ組織運営能力」、③「練習計画、指導計画を自分たちで立てる能力」、④「外的条件の獲得、克服する能力」を育てるということが重要かつ必要になってきます。
　それぞれの発展段階によって、できたばかりのクラブは「スポーツの主人公」を育てる①を大事にしていくことになります。それから発展パターンによって①②③④という風に順に増えていきます。これは１人の個人に４つの能力があるということではなくて、チームやクラブ全体の中でこういう４つの能力がだんだんと育てられ、力がついていくというふうにして、最終的には運動型へ発展していくというイメージで表２を見ていただければと思います。

　今の日本スポーツを取り巻く貧困な状況をどう変えていくのか。地域課題としてスポーツはどう貢献できるのかというところと結び付けながら、「自分たちの住んでいる地域は住みやすくてスポーツがしやすい。ここで生まれ育ってよかったね」と言える地域に変えていくような、外に向けて働きかけられる運動型のクラブにどのように発展させていくのか。実は、そこに今の「新しい公共」論を盛り込んでいく方策があるのではないかと私は思っています。
　詳しくは以下の「参考文献」をご覧くだされば幸いです。

【参考文献】

1) 森川貞夫編著，1987，必携・地域スポーツ活動入門，大修館書店.
2) 森川貞夫，1987,「社会体育指導者の資格付与制度」の問題点,体育科教育1月号.
3) 森川貞夫，1991，「社会体育」とスポーツ施設，小川利夫・新海英行編，新社会教育講義，大空社.
4) 森川貞夫，1999，地方自治体のスポーツ行政，池田勝・守能信次編，スポーツの政治学，杏林書院.
5) 森川貞夫，2004，今日の日本のスポーツ状況と非営利・協同への期待，いのちとくらし研究所報第8号.
6) 森川貞夫，2007，人間復権の地域づくりとスポーツ、その可能性と期待，協同の発見，第178号，2007年5月号.
7) 森川貞夫，2011，スポーツにおける「新しい公共」―子どものスポーツを支えるのは誰か？，日本スポーツ社会学会，スポーツ社会学研究，第19巻2号.
8) 森川貞夫,2011,第1編総論、1章　地域(生涯)スポーツ,日本スポーツ法学会編，詳解スポーツ基本法，成文堂.

第 6 章

総合型地域スポーツクラブと小学校体育の接点

海老原　修

1 突然変異—スポーツとはなにか—

　身近にある英和辞典で sport を調べてみると、(n) 娯楽、遊戯；運動、競技；〔英〕(pl.) 運動〔競技〕会；冗談、戯れ（a ～ of terms [wit, words] しゃれ）；造化の戯れ、突然変異、変種；運動〔狩猟〕家；〔話〕いいやつ；〔豪話〕((男同士の呼びかけ)) 君；〔米話〕プレイボーイ；〔話〕ばくち打ち；もてあそばれるもの；〔話〕きざなやつ；for [in] sport 冗談に；make sport of をからかう；／ vi. 遊ぶ、戯れる；ふざける、からかう ((with))／ vt.〔話〕見せびらかす、などが列挙されます。

　冒頭部分の (n) は名詞を指し、娯楽・遊戯と運動・競技に大別されます。順を追って、〔英〕(pl.) とは英国では複数形にて運動競技を意味し、〔話〕いいやつとは会話上での言い回しであり、それに基づき〔豪話〕豪州会話では二人称を、〔米話〕米国会話ではプレイボーイに転じるようです。続いて、遊興に派生した〔話〕では、ばくち打ちやキザなやつを生み出したり、自動詞（vi.）や他動詞（vt.）に進出したり、名詞、修飾語、動詞の間の相関図や樹上図を思い描けます。

　スポーツの語源は、ラテン語のデポルターレ（deportare）、de=away、portare=carry を結ぶ合成語で、人間の生存に必要不可欠なことがらから一時的に離れる、すなわち、気晴らしをする、休養する、楽しむ、遊ぶなどを意味します。deportare は中世フランス語ではデスポール（desport）となり、14 世紀にイギリス人が disport として用い、16 世紀に sporte または sport と省略されました。英語化された当初の意味、まじめな義務からの気分転換、骨休め、娯楽、休養、慰めは次第に、16 世紀にはゲームや屋外での身体活動をともなう気晴らしに、17 世紀から 18 世紀に狩猟や勝負事にかかわる賭博、人に見せびらかす行為、見世物に、それぞれ変化し、19 世紀中ごろには、野外活動や狩猟に、競技的性格が加わり、アウトドアでの運動を伴うようなゲームや娯楽の総称に転じています。

　その意味の系列の中で、辞典が明かす造化の戯れや突然変異は現在のス

第6章　総合型地域スポーツクラブと小学校体育の接点

ポーツのイメージとはかけ離れています。その距離感や違和感は、本来の意味を質したい、納得できるようにその語源を知りたい衝動に駆られる一方で、気晴らしという意味の出来にはいかなる背景があるのだろうかに転じます。ヒントは人間の生存に不可欠な事柄やまじめな義務の概念にあり、それに対峙して気晴らしという考えを想起するような社会構造があったのではないだろうか、所有の概念が生み出す社会構造やその構造を堅持・強化する区分けとして、労働と余暇という二項対立概念が創出されたのではないだろうか、に連なります。

　すなわち、狩猟採集社会では、身体が健全な者ならだれもがその活動に専念し、一日の大半を食糧獲得のために費やさねばなりません。それにひきかえ、安定した食糧が確保され、貯蔵され、蓄積できる社会では、政治的なエリートが、他の人たちが生産した食糧を自由自在に、例えば、税金を課したり、物々交換の割合を按分したりします。もちろん食糧生産活動に従事しなかったり、自由時間を政治活動につぎ込んだりします。課税によって集められた食糧は、王族と官僚による体制維持を強固とするために、職業軍人を生み出し、さらに彼らの武器の技術開発を専らとする金属加工職人や、狩猟採集民の殲滅や植民に政治的な妥当性を与えるために宗教的な正当性を説く僧侶を創出しました。備蓄が不均衡を生み、それを再生産するための階層性ともっともらしいシンボルが必要となったのです。王族、官僚、職業軍人、僧侶の対極に位置する奴隷が思い浮かびます。したがって、sportの語源に気晴らしを求めるには、かかる社会階層を前提しなければなりません。その階層化に伏在する思想や目論みがsportのレイアー化に拍車をかけたならば、より古い地層にある語源に到達しないように思えます。

　したがって、社会階層が形成される以前にむすびつく突然変異に連なるspore（芽胞・胚種）を語源に求める見解に与します。種が根や芽を出し、芽が伸び、枝葉に蕾みが生まれ、蕾みが花となり、ついに花はふたたび種に結実します。すがたかたちや色彩も一瞬にして変える一つひとつの変身は、自然界の畸形であり、造化の戯れとなります。その変身に費やさ

れるエネルギーは莫大であり、予測できない爆発を生み出します（室井、1986）。するにしろみるにしろ、スポーツに魅せられる理由は、予定調和的でない、予測不可能な事態が一瞬にして出現するからに他ならないのです。スポーツは元来、価値も意味もない、無色透明であり、その変身のエネルギーが利用されないからこそ、蕩尽、消尽、奢侈を本質とすると理解できます。

　スポーツは無色透明であるが故にあらゆる色に染まります。先行する思想・信条を注ぎ込むに容易なシンボルとなります。だから、労働の対立概念としての余暇、気晴らしをスポーツに注入したと推定しました。同じ手順でスポーツマンシップに道徳的な価値である武士道精神やジェントルマンシップを流しこみ、「健全なる身体に健全なる精神宿る」が慣用句として流布されたと推察しました。「だからもし、祈るならば、健全なる身体にこそ健全なる精神あれかしと祈るべきであろう」と揶揄したユベナーリスに基づく史実（水野、1974）はあまり知られていないようで、その理由が為政者の不作為の意図によるのか否か、興味深い。オリンピックを紐解けば、昭和11（1936）年アーリア民族の優位をベルリン大会が、昭和39（1964）年冷戦下での西側の政治経済システムの優位を東京大会が見せつけました。さらに、2020年開催に向けた国内選定段階では、平和に力点を置こうと広島と長崎両市が模索した経緯こそ、スポーツが無色透明である証左を明示しました。

　かかるスポーツの特異性を、寒川（1994）は種々の文化要素の相互依存的複合体としてとらえ、スポーツ文化複合という概念を提案しています。この視点ならば、近代スポーツのみならず、伝統スポーツや民族スポーツまでも含めたあらゆる身体運動文化を広範に包含する人類に普遍的な行動様式として対象化できます。スポーツが、身体能力の優劣の比較や競争であるだけでなく、儀礼であり呪術であり、また、権力、紛争解決、ナショナリズム、教育、治療、ジェンダー、性的倒錯、エロティシズムといった、多様なコード（差異化の形式）によって彩られてきた背景を明らかにでき、そこに組み込まれた一つひとつの文化的特性、つまり、価値や意味を、過

大評価したり、過小評価したりできます。

2　体育・スポーツにかかわる免許と資格

　市販の履歴書には免許・資格欄があります。任意に定める一定水準の知識や技能を有すると同好の人々が互いに認定する場合を資格と云います。彼らに重要であっても、われわれにはさしたる問題とならない。そんな事柄に国家は関与しません。一方で、大多数の国民がその必要性を認識し、専門的な知識や能力が保障されなければ、とんでもない事態が生じる場合に国家は資格を認定します。前者は資格にとどまりますが、後者は国家認定資格すなわち免許となります。最低限の生活環境、衣食住を保障してくれる国だからからこそ、そこで生活に同意した人々が国民となります。日々の営みで生じるあれやこれやの生活必須要件を国が満たしてくれます。だからその対価として国民は税金を払い、そのようにして社会契約関係が成立しています。これを実感するには、生命が直接危険にさらされる疾病や事故よりも、衣食住を振り返ればよい。衣食足りて礼節を知る、あるいは衣食足れば則ち栄辱を知るには、衣食そして住が満たされなければならないのです。

　それゆえに両者は峻別されねばなりません。いい加減な食べ物をつくらないように料理人には、専門の知識と腕前に調理業務経験を加え調理師法が適用されます。イチコロとなるふぐを捌くにはワンランク・アップしたふぐ調理師免許がさらに取得されます。調理そのものの品質が保証されただけでは物足りません。飲食店を開くには食品衛生責任者資格が必須であり、地方自治体からの営業許可取得も要件となります。調理師、専門調理士・調理技能士は都道府県条例により食品衛生責任者の講習が免除されるので、彼らは営業許可の申請をともなって飲食店を開業できます。また、一定規模以上の人々に向けた給食施設では栄養士あるいは管理栄養士がいなければならないのは集団食中毒を予防する防衛策となっています。紙コップにジュースやコーヒーが注がれる自動販売機を設置する場合でも食品

143

衛生責任者が必要となります。となると、縁日や観光地の露店で見かけるヤキソバ、お好み焼き、アメ菓子、ソースせんべいなどを売るテキヤ風情は、調理師免許を取得し、食品衛生責任者として当該地方自治体より営業許可を取得しているのであろうか。ヤボと知りつつ、身近な好例となりましょう。

　とまれ。最低限の生活要件に運動・スポーツが組み込まれているのでしょうか。難民キャンプでは衣食住が足りると売春と賭け事が始まります。公娼制度や公営ギャンブルという言葉はややもすると欲求よりは必要をにおわせ、運動よりもその必要性が高いのかもしれません。運動・スポーツにかかわる指導を取り上げると、一部が国家認定資格（免許）で、一部が同好の人々が相互に認定する資格であり、それゆえに両者は峻別されねばなりません。これらを明確に分けるそれなりの理由がなければならない。具体的な事例は、保健体育免許状にスポーツ競技別指導や格技系技能における格付けが典型となります。前者の保健体育教員となるには教職科目や保健体育専門科目の単位取得が義務付けられ、小学校体育専科や中・高等学校保健体育の専門家として学校教育の一翼を担います。それに対して、後者が国家認定資格とならないのはその恩恵を万人が受ける必要性も可能性もなく、上級であろうが、四段や五段であろうが、関心のない人にはどうでもいいこととなっています。

　この視点で1986年11月7日、保健体育審議会による「社会体育指導者の資格付与制度について（建議案）」に始まる体育・スポーツ指導者の免許・資格制度をあらためて検討する必要はあります。建議の理由は、①高齢化にともなうスポーツの大衆化（多様化）と国際化に促される高度化へのニーズを背景としたスポーツ振興への期待が高まっている、②その期待に応える方策として社会体育指導者（社会体育行政職員と民間指導者）への役割の重要性が確認される、③しかし民間指導者だけでは量的にも質的にもニーズに応え難く、故に④適正な資格水準の設定が必要であり（資格付与制度）、⑤その制度によって社会的評価と社会的信頼の向上が社会体育指導者に期待される、と要約できます。これに対して、保健体育の教

員市場において、少子化による需要の減少が予測され、大学では免許取得者の就職先を確保できない供給過剰や就職浪人が見込まれ、その就職先を社会体育に振り当てた措置という批判もありました（石河、1987）。この措置は果たして、保健体育免許状の労働市場を縮小しうるほどの、またそれに応じて保健体育免許に比肩する就職条件や資格・免許制度を代替したのであろうか、との疑問が生まれましたが、答えは否でした。学校体育・保健体育免許を社会体育・スポーツプログラマーに鞍替えしようとする試みは、前者は免許のままであり、後者は（財）日本体育協会が認定するスポーツ指導の資格にとどまるからです。

　建議当時、旧文部省・旧厚生省は健康づくり、旧労働省は労働者の健康維持・体力増進の観点で、文部省・スポーツプログラマー、厚生省・健康運動指導士、労働省・ヘルスケアトレーナーとそれぞれ公的資格認定を指導者に付与しました。ところが、2001年の省庁再編成にともない、健康づくり関係の旧厚生省と旧労働省に類似する指導者資格認定の効率化が図られ、講習内容の一部共通化がすすめられました。とりわけ、文部省・スポーツプログラマー養成事業は、2000年12月に閣議決定された行政改革大綱が公益法人に対する行政関与を見直し、その対象となったスポーツ指導者養成事業の文部科学大臣認定制度は2005年度限りで廃止されました。そのため、（財）日本体育協会が各スポーツ団体と連携して継続実施を模索し、スポーツプログラマー1種はスポーツプログラマーに、スポーツプログラマー2種はフィットネストレーナーにそれぞれ名称を変更した。2005年11月現在、スポーツプログラマーは4,107人、フィットネストレーナーは1,046人が認定されていました（図1）。

　さて、体育・スポーツ領域における免許と資格を考える上で、1988年に始まるトータルヘルスプロモーションプラン指導者資格情報は注目できます。なぜならば、基礎免許取得の上に加わる資格である点、つまりこの資格だけでは就職できない点を明言するからです。ここには6つの指導者資格があるが、例えば、産業医は医師免許を、運動指導担当者は主として保健体育免許、保健師・管理栄養士免許、看護士・栄養士免許かつ実務

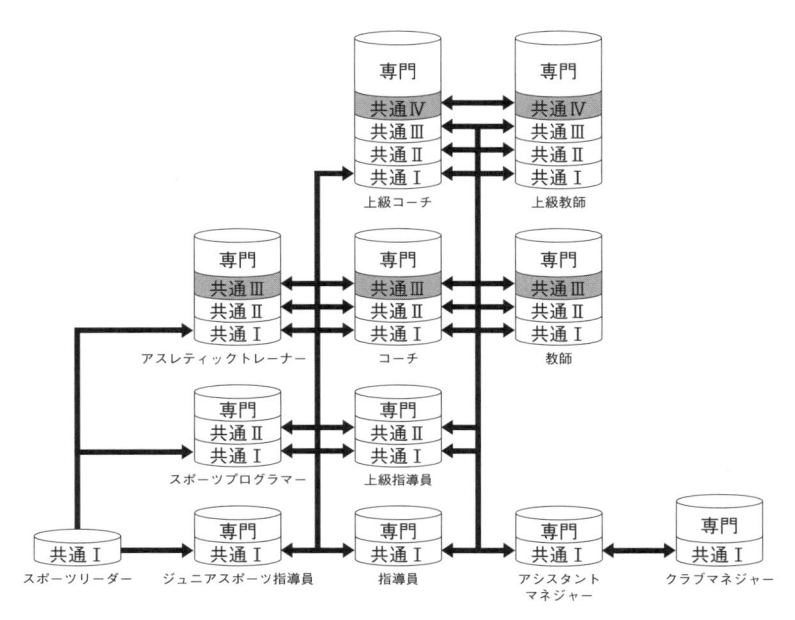

図1　スポーツ指導者

（資格情報：カリキュラム；http://www.japan-sports.or.jp/coach/qualification/curriculum.html）

経験を、また、産業栄養指導担当者は管理栄養士免許、栄養士免許かつ実務経験を、それぞれ基礎的な条件とします。

　この分野に限らず、調理師免許には調理師法、管理栄養士には栄養士法のように、免許制度に保障される労働市場には法律が必ずある。資格にとどまる健康運動指導士、健康運動実践指導者の登録制度の充実ぶりは2002年8月に公布された健康増進法が関連するようです。法案の提出理由は、高齢化の進展や疾病構造の変化に伴い、国民の健康増進の重要性が増大し、健康づくりや疾病予防を積極的に推進するための環境整備が要請され、そのためには「健康日本21」を中核とする国民の健康づくり・疾病予防をさらに積極的に推進するためであると理解されます。自己負担となった高齢者医療費も含めた医療費抑制効果への期待も、医療制度改革の一環に組み込まれます。健康づくりの一翼をスポーツ、フィットネス、エクササイズが担い、からだを動かす運動が衣食住に次いで重要な要件とし

第6章　総合型地域スポーツクラブと小学校体育の接点

て位置づけられつつある証左となります。明治以来、国民的なムーブメントに健康がツールとして組み込まれている史実に照らすならば、平成の世に健康を具体化する健康運動が社会を左右する可能性は否定できません。標語「一に運動、二に食事、しっかり禁煙、最後に薬」はその戦端の幕を切っていました。

　これに準拠すると、運動・スポーツに関わる専門的知識や指導実践の能力を証明する国家資格、免許を基礎としなければならないと考えます。2011年スポーツ基本法が健康増進法を踏襲する仕組みづくりにあるのかないのか、熟議された形跡がありません。しかし、同じような事例は、2003年地方自治法改正により創設された指定管理者制度と（財）日本体育施設協会による体育施設管理士、体育施設運営士、両資格を取得した上級体育施設管理士に求められます。この制度は、公の施設を法人その他の団体が管理する制度で、多様化する住民のニーズに効果的、効率的に対応するために、民間事業者を含めた中から最も適した団体に公の施設管理を代行させて、住民サービスの向上と経費節減を図る制度です。したがって、運動・スポーツに関連する施設管理のプロと指導のプロが合体するのは効率化をおしすすめる試みとなります。

　経済は金儲けの結果がすべてであり、損がないときには動くべからずとは金言となります。この感覚を体育・スポーツ指導の労働市場にあてはめるならば、健康とともにマネジメントもまた重要なキーワードとなるかもしれない。すでに経営学修士（Master of Business Administration：MBA）が代表するマネジメント能力がビジネス界で注目され、スポーツマネジメントやスポーツビジネス界も確立しているかのようです。そうであるならば、先の健康、健康運動と健康増進法の関係をスポーツマネジメントとなんらかの法案に求められましょうか。省庁の縦割り行政に着目すれば、経済産業省の管轄となります。図1に示したアシスタントマネジャー、クラブマネジャーがニッチとして終わらないように願っています。

3 体育とスポーツ

　さて、スポーツの語源的な特徴を踏まえ、さらに、体育が必要であり、スポーツが欲求である実情を基礎材料に、体育に接近してみたい。スペンサーの三育主義、国民の祝日「体育の日」、さらに旧文部省・体育局を、オイッチ、ニーの体育とならべて、体育のことば遊びを始めてみたい。なぜならば、本邦にあらわれる新語「体育」は幕末から明治に初出するからです。スペンサーは身体（からだ）を育むために、食物では粗食を、衣服では薄着をすすめ、運動では體操（gymnastics）は遊戯（play）に及ばずと論じ、最後に休息に言及します。原著は 1875 年、翻訳は 1880 年に刊行された。體育（旧字体）の中核は必ずしも身体（からだ）を動かす運動やスポーツではない。新字体「体」の表象を愚考すると、骨偏と人偏の違いは福沢諭吉の思想に通じそうだ。口語文体の自叙伝「福翁自伝」の出版年（1899）や翻訳者・尺振八（せきしんぱち）が文久元年（1861）・3 年（1863）の遣欧使節団員で福沢諭吉と知己の仲という点から、振八が訳す體育をヒントに諭吉が「まず獣身を成して後に人心を養う」と説いたのかもしれないと、身勝手な想像を巡らしています。

　ところで、「体育の日」には胸を張ってエッヘン、鼻高々にどんなもんだい、と肩で風を切ってほしい。「国語の日」も「算数の日」もないのだから。並みいる教科がいくら威張っても、国民の祝日になれないだろ、と言い放ってほしい。とまれ、その歴史をたどれば、1924 年制定に始まる「全国体育デー」は、1958 年「国民体育デー」、1961 年「スポーツの日」を経て、1966 年「体育の日」の国民の祝日となり、1964 年東京五輪の成功を記念するべく 10 月 10 日が選ばれ、2000 年法改正後、毎年 10 月第 2 月曜日に至っています。では、大正 13 年や昭和 33 年の「国民体育デー」の体育とはいかなる活動を指すのか。さらに、その体育は昭和 36 年「スポーツの日」に至りスポーツに心変わりしたのか、と振り返るべきです。体育はスポーツなのか、スポーツは体育なのか、どっちなのか、と改めて問

いたい。なぜならば、そこには、次なる文部省・体育局の所掌と切り離せない歴史をもつからです。

　1941年、文部省は戦時体制の中で学校体育関係を一元的に統括し、「国民体位の向上・国防能力の向上のための学徒の保健衛生・体育向上の施策が強化され、（中略）従来の大臣官房体育課を昇格して体育局を新設」しました。だから学徒動員も学徒出陣も文部省令のもとで、体育局が、召集し、宮城遙拝、海ゆかばと、歴史に刻まれる式典を仕切っています。食餌、衣服、休養、運動が軍隊とかくのごとく連結する姿を目の当たりにすると、斯氏（すし）も諭吉も振八も、腰を抜かすのではないでしょうか。1964年に始まる「体力・運動能力調査」も2008年の「全国体力・運動能力、運動習慣等調査（全国体力テスト）」も、体育局やその後身・文部科学省スポーツ・青少年局が実施主体であり、実質的には小学校教師や中高保健体育教師が渋々にまたは積極的に運営しています。主従関係は戦時下のそれに連綿と酷似し続け、今に至ります。

　大盛況に終わった2012年夏のロンドン・オリンピックも、春秋の運動会も、決して教科の体育や保健体育が主管する領域ではありません。運動系はもちろん文化系も部活動は教科外活動です。小学校学習指導要領にあるように、運動会は、遠足、避難訓練、修学旅行と並ぶ特別活動です。だから、運動会も運動部活動も、そして、前述の体力・運動能力測定も、すべての教員がその専門教科に関係なく等距離にあり、体育を専らとする教師が腕まくりで張り切る特別な出番ではないのです。

　しかし、戦前から連綿と続く、体育とスポーツを峻別しない知恵、それは都合に応じて対応する二重基準を、われわれは無意識にあるいは意識的に持ち続けます。そこにある政治的な企図につねに鋭敏に応じたいと考えます。それを踏まえた上で、この体育とスポーツの曖昧な境界がもち続ける特異な地位を積極的に活用する可能性もまた想定できます。それこそが、2010年第177回国会（常会）において成立したスポーツ基本法となります。

4　スポーツ基本法にみるスポーツ指導者

　2011年6月24日に平成23年法律第78号として、また、7月27日にスポーツ基本法の施行期日を定める政令（平成23年政令第231号）として、それぞれ公布され、8月24日から本格的に施行するに至りました。その規定に基づく「スポーツ基本計画」（2012年3月30日）はスポーツ基本法の理念を具体化し、今後の我が国のスポーツ施策の具体的な方向性を示し、国、地方公共団体及びスポーツ団体等の関係者が一体となって施策を推進していくための重要な指針として位置づけられます。これに先行したプロジェクトは2011年度「スポーツコミュニティの形成促進」であり、「スポーツ基本計画」策定以前にすでに策定・実施された行政主導の計画となり（図2）、平成24・25年度「地域スポーツとトップスポーツ

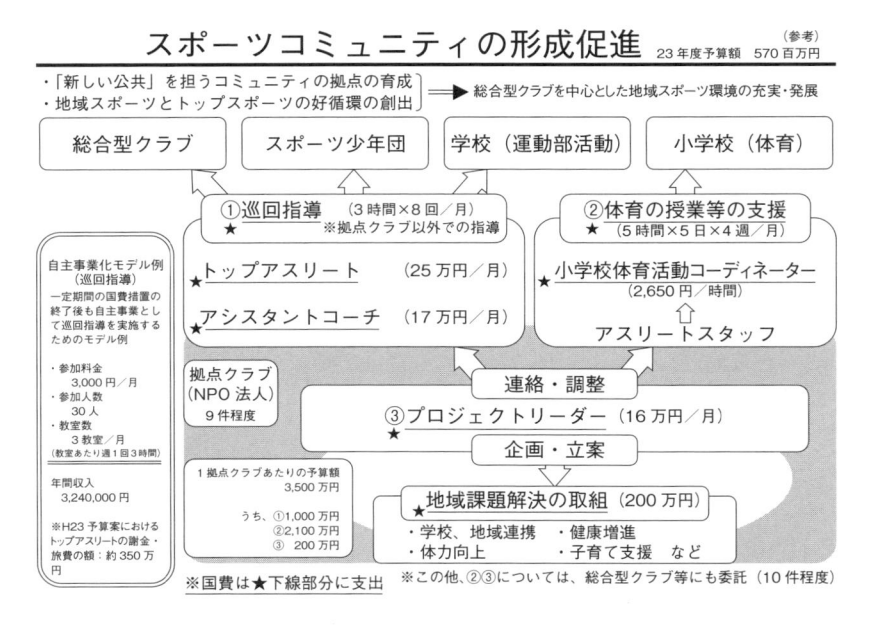

図2　平成23（2011）年度文部科学省「スポーツコミュニティの形成促進」

第6章　総合型地域スポーツクラブと小学校体育の接点

の好循環推進プロジェクト」もその延長線上にあります（図3および図4）。

　民主党政権の仕事振りをふりかえるならば、第1に事業仕分けが思い出されましょうか。これに倣って、小学校と近隣の図書館に同じ書籍が並ぶ風景を公的資金のムダと仕分けてみたい。学校の図書館を一般の人々が、児童・生徒が公共のそれを、相互に利用すれば済むのではないかしらん。学校を特別扱いするムダを省けば、学校開放という不遜なコトバも消え去り、学校共用という共生のコトバが生まれます。地域社会そのものが学校となるコミュニティ・スクールです。例えば、図書館が共有されると、児童が国語の時間に図書館に行ったら、隣の豆腐屋のオバサンがプルーストを読んでいたり、スポーツ新聞をデカデカと開くと期待したラーメン屋のオヤジが日経を広げていたりします。生徒に共有される音楽室では床屋のマスターがヘッドホーンで何か聴いていて、CDのジャケットをのぞいて

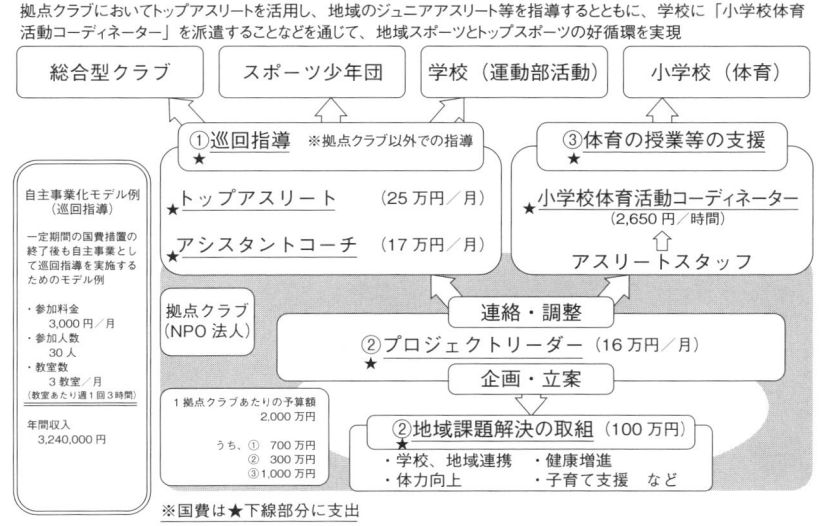

**図3　平成24（2012）年度文部科学省
「地域スポーツとトップスポーツの好循環推進プロジェクト」**

(http://www.mext.go.jp/a_menu/sports/club/__icsFiles/afieldfile/2012/04/11/1319698_2_1.pdf)

151

地域スポーツとトップスポーツの好循環推進プロジェクト

(参考資料)
(前年度予算額 581,598 千円)
25年度予算額 588,866 千円

拠点クラブにおいてトップアスリートを活用し、地域のジュニアアスリート等を指導するとともに、学校に「小学校体育活動コーディネーター」を派遣することなどを通じて、地域スポーツとトップスポーツの好循環を実現

総合型クラブ / スポーツ少年団 / 学校（運動部活動）／ 小学校（体育）

好循環の実現

トップアスリートによる支援
○地域のジュニアアスリート等を支援

連絡・調整

地域課題解決の取組
企画・立案
①学校、地域連携
②健康増進
③体力向上
④子育て支援　など

連絡・調整

体育の授業等の支援
○小学校体育活動コーディネーターとしてアスリートスタッフを派遣

図4　「地域スポーツとトップスポーツの好循環推進プロジェクト」
(http://www.mext.go.jp/a_menu/sports/club/__icsFiles/afieldfile/2013/05/16/1334940_01.pdf)

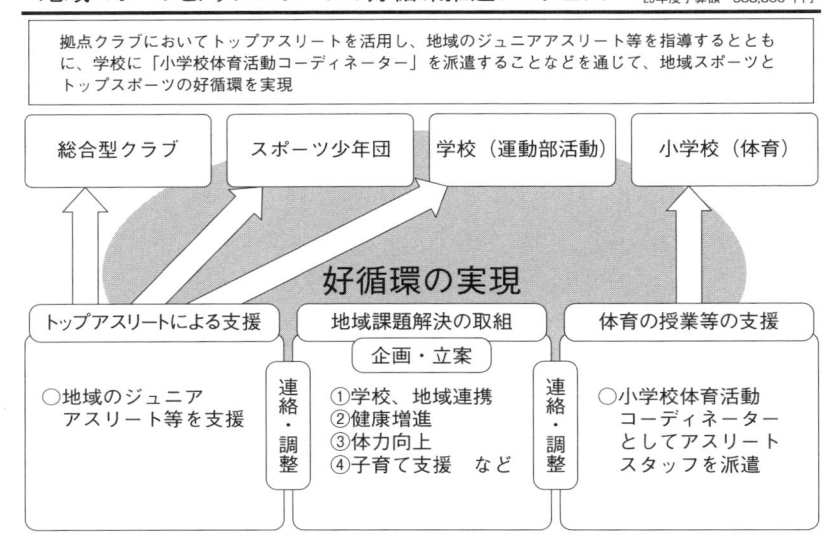

みたら、ラベル、ドビッシー、サティーが重なって置いてあった。体育の時間に運動場やプールではどんな風景が起こりえようか、ドキドキ、ワクワクしませんか。それこそが生涯スポーツ社会の実現です。

このような風景が出現するかもしれないプロジェクトが平成23年度文部科学省「スポーツコミュニティの形成促進」と平成24・25年度「地域スポーツとトップスポーツの好循環推進プロジェクト」となります。その中心はスポーツ人材と表現される地域スポーツ指導者である。彼らを中核に次の3つのプログラムが準備されています。

①トップアスリートによる巡回指導：トップアスリートが総合型地域スポーツクラブ、スポーツ少年団、学校運動部活動など地域のスポーツクラブを巡回指導する。

②小学校体育活動コーディネーターによる小学校体育授業支援：小学校全体の体育授業や体育活動の計画を補助したり、担任とティームティーチ

ングで体育の授業に取り組んだりするとともに、学校と地域の連携を図るために、これらを中心となって行う外部人材等を小学校体育活動コーディネーターとして派遣し、小学校における体育活動の支援を行う。

③プロジェクト・リーダーによる地域課題解決の取組：総合型地域スポーツクラブの主要マネージャーなどが、上記①トップアスリートや②小学校体育活動コーディネーターの派遣に関する連絡・調整を行うとともに、地域住民のスポーツ参加を通じた学校・地域の連携、健康増進、体力向上、子育て支援等に資する企画・実践を行う。

この3つのプログラムはすなわち、トップアスリート、小学校体育活動コーディネーター、プロジェクト・リーダーが支えます。そこで、この3者って、どんな人たちなのかしらん、と疑問を呈示してみたい。首をひねる理由は、その資格や資質が論議されぬままに、教員免許状取得者の責任のもとで授業が展開する小学校体育に派遣されるからです。

すでに「2　体育・スポーツにかかわる免許と資格」に紹介したように、同好の士が相互にその水準を認め合う認定証書を資格と云い、同好でない者にとっては紙切れ一枚にすぎません。これに対して、同好の範囲が国民全員となると国家認定資格となり、ある水準が担保されないと生命や財産の危機に陥ると国が判断するに至り、これを免許として保証される必要が生じます。安心・安全を保証して食べ物を供する料理店では、調理師免許取得者が煮たり焼いたり茹でたり炒めたりし、より危険なふぐを捌いて皿に盛るにはさらにふぐ調理師免許取得が義務づけられるのです。「衣食住足りて」の言葉通り、衣食住が確実に保証されるべきと国民が、そして、国が判断するゆえに、そこには免許制度が確立しています。

だから、国民全員が保証されるべき水準を運動・スポーツの世界に求めないので、ここには免許として適用される資格は1つもない。オリンピックにもW杯にもまったく関心のない人が世の中にはたくさんいるのだから、国民生活に運動やスポーツは必須ではなく、衣食住とは別次元の好き嫌いの欲求となります。免許を必要、資格を欲求と言い替えてもよい。保健体育教員免許状は教育の専門職であり、運動やスポーツのそれではな

い。ここに至り、免許はもとより資格の論議すらおざなりとしたまま、同好の資格を有する、あるいは資格する所持しないスポーツ人材が、教育の専門職域である小学校に出講する奇妙な構図が浮かび上がってきます。

5　なぜ小学校体育活動コーディネーターなのか

　それでは、なぜ小学校体育活動コーディネーターなのか。それは「スポーツ基本計画」政策目標「学校と地域における子どものスポーツ機会」とそれを具体化する、下記の施策目標①②③にあらわれる現状認識とその処方箋が明かしてくれます。政策目標は次の通りです。
「子どものスポーツ機会の充実を目指し、学校や地域等において、すべての子どもがスポーツを楽しむことができる環境の整備を図る。そうした取組の結果として、今後10年以内に子どもの体力が昭和60年頃の水準を上回ることができるよう、今後5年間、体力の向上傾向が維持され、確実なものとなることを目標とする。」
　体力の向上が政策目標と謳っています。血税を投入する以上は実利的で目に見えやすい数値としてあらわれる体力や運動能力の上下動は理解が得やすい。がしかし、その機能と構造は前述した「学校体育関係を一元的に統括し国民体位の向上」におそろしく一致しています。1941年と2012年、還暦を経て古希を越えなんとしてもなお、子どもの心身へのアプローチになんら変化がないのです。空恐ろしい事態が再現されているのかもしれません。
　この政策目標を支える施策目標は次の3つとなります。
　①幼児期からの子どもの体力向上方策の推進：「全国体力・運動能力等調査」等による検証を行いつつ、子どもが積極的に運動遊び等を通じてスポーツに親しむ習慣や意欲を養い、体力の向上を図る。
　②学校の体育に関する活動の充実：教員の指導力の向上やスポーツ指導者の活用等による体育・保健体育の授業の充実、運動部活動の活性化等により、学校の教育活動全体を通じて、児童生徒がスポーツの楽しさや喜び

第6章　総合型地域スポーツクラブと小学校体育の接点

を味わえるようにするとともに、体力の向上を図る。

　③子どもを取り巻く社会のスポーツ環境の充実：地域社会全体が連携・協働して、総合型クラブをはじめとした地域のスポーツ環境の充実により、子どものスポーツ機会を向上させる。

　この施策目標を掲げる背景にある現状認識とその方策の関係は、次のような思考回路に基づくのでしょうか。体力低下と二極化がすでに幼少時に始まり、その影響を受けて小学校低学年段階でのプログラムでは明確な体力向上が認められず、手遅れかもしれない。就学前児に対しては、幼児期における運動指針策定やそれに沿った地域社会でのプログラム提供にとどまるが、義務教育となる小学校では学校体育の充実をスポーツ指導者の活用によって推し進める可能性が高い。体育・保健体育授業の充実に力点を置く理由は、これらが必修のプログラムであるからに他なりません。運動部活動も、学校の教育活動全体も、任意のプログラムだからです。だからこそ、この政策目標と施策目標の主幹プログラムは、小学校では体育、中高では保健・体育の授業の充実をスポーツ指導者の活用によって図る一点となります。その運用に向けて施策目標③が準備される。2000年9月文部省（当時）の「スポーツ振興基本計画」で重点化プロジェクトであった総合型地域スポーツクラブの中核とおぼしき拠点クラブによる学校と地域社会の連携・協働事業であり[注]、小学校体育活動コーディネーター派遣事業となります。

　敢えて短絡して、体力・運動能力の低下の原因は小学校体育にある、と指弾されていると理解してみたいです。積極的にスポーツをする子どもとそうでない子どもの二極化が拡大しますが、2010年度全国体力テストが明らかにするように、小学5年女子の4分の1、中学2年女子の3割が、1週間に1時間未満しか運動をしないのが現状です。4年間で8％増加すると概算するならば、このような、ほとんど、いや、まったく運動しない子どもが加齢とともにさらに増加し、体力・運動能力が全体的に低下しています。幼少時に運動習慣が身についていないためです。それを保証するべく、幼児期における運動指針の策定を提案いますが、この時期は義務教

155

育ではありません。したがって、誰もがみな運動・スポーツに接する義務教育段階で、かつ運動技能も運動習慣も身につける至適時期が小学校体育となります。しかし、ここでは、教員の高齢化も進み、ほとんどの教員が全教科を指導しており、教員が体育の授業に不安を抱えたり、専門性を重視した指導が十分に実施されていなかったりします。だから、この不十分さを補うために、トップアスリートやアスリートが小学校体育を支援する派遣制度を提案しているのです。

6　中心と周辺―新たなスポーツと体育の関係に向けて―

　表1に山形県鶴岡市高校生2年生の小学校期スポーツ参加形態別のスポーツ参加率の推移を示しました。「専門」とは組織的なスポーツクラブへの加入で、スポーツ少年団やスイミングスクールといった地域のスポーツクラブへの参加、「非専門」とはインフォーマルなスポーツ活動で、子ども会や小学校体育クラブの延長線上にある活動と定義しました。調査票にクラブ名称が記入され、指導者がいた場合に「専門」と判定しています。並行して、もっとも愛好した運動・スポーツや同じ時期に行っていた運動・スポーツを記述し、それによって重複と単一を区分します。参加パータンは専門・重複、専門・単一、非専門、不参加の4通りとなります。そのグループごとの中学1年1学期から高校2年3学期までのスポーツ参加率をたどると、次の6点の特異性を確認できます（海老原、2005、2010、2011）。なお、最下段に算出する歩留まり率は中学校1年1学期の参加数を分母とした数値であり、全体のサンプル数が男女の合計に合致しない理由は性の回答がなかったためです。

　①専門・重複群は、中・高ともに高い参加率が継続し、高校2年3学期時点で男子65.5%、女子62.2%が維持され、男女差は認められない。

　②低水準で変動する不参加群では男子では8割から4割に、女子では45%前後より25%前後に減少する。歩留まり率は男女ともに50%と同じであるが、中学1年1学期当初の男子78%と女子46%の初期値に違い

第6章 総合型地域スポーツクラブと小学校体育の接点

表1　小学生時のスポーツ参加形態別に見るスポーツ参加率の推移

	全体				男子				女子			
	不参加	非専門	専門・重複	専門・単一	不参加	非専門	専門・重複	専門・単一	不参加	非専門	専門・重複	専門・単一
小学校複合系	(n=272)	(n=89)	(n=139)	(n=467)	(n=56)	(n=32)	(n=58)	(n=174)	(n=200)	(n=55)	(n=74)	(n=279)
中学1年1学期	52.2	75.3	92.8	81.6	78.6	90.6	98.3	91.4	46.5	65.5	89.2	74.9
中学1年2学期	52.2	74.2	91.4	80.8	78.6	90.6	98.3	91.4	46.5	63.6	86.5	73.8
中学1年3学期	52.2	73	89.9	80.5	78.6	87.5	98.3	91.4	46.5	63.6	83.8	73.1
中学2年1学期	52.9	69.7	87.1	79.9	80.4	84.4	98.3	90.8	47	60	78.4	72.4
中学2年2学期	52.6	69.7	87.1	79.7	80.4	84.4	98.3	90.8	46.5	60	78.4	72
中学2年3学期	52.6	68.5	86.3	78.8	80.4	84.4	98.3	89.7	46.5	58.2	77	71.3
中学3年1学期	50.4	60.7	86.3	76.7	75	78.1	98.3	88.5	45	50.9	77	68.5
中学3年2学期	34.9	40.4	69.8	62.1	62.5	50	89.7	78.2	29.5	34.5	58.1	52
中学3年3学期	27.9	30.3	61.2	55.2	53.6	46.9	77.6	73	23	20	51.4	44.1
高校1年1学期	28.3	46.1	73.4	57.8	44.6	59.4	77.6	73	24.5	38.2	68.9	48.7
高校1年2学期	27.6	41.6	72.7	55.5	41.1	56.3	77.6	70.1	24	32.7	67.6	46.2
高校1年3学期	26.5	40.4	67.6	55.1	41.1	53.1	70.7	67.8	24	32.7	63.5	43
高校2年1学期	28.7	38.2	67.6	53.7	44.6	50	69	70.1	25	30.9	66.2	43.7
高校2年2学期	28.3	37.1	66.2	52.5	42.9	46.9	67.2	69	25	30.9	66.2	42.3
高校2年3学期	25.7	34.8	63.3	50.3	39.3	43.8	65.5	67.2	23.5	29.1	62.2	39.8
歩留まり率（概算）	49.3	46.3	68.2	61.7	50	48.3	66.7	73.6	50.5	44.4	69.7	53.1
歩留まり率（本格）	45.8	41.8	66.7	58.5	47.7	44.8	66.7	72.3	47.3	38.9	66.7	48.3

を見出せる。

　③非専門群では男女ともに不参加群の参加率を上回って変動するが、不参加群と同じように進学時前後の脱退状況が著しく、高校2年3学期では男子43％、女子29％と、不参加群の男子39％、女子23％と、その動向は収束的に近似する。

　④非専門群のゆり戻し率と学年進行にともなう脱退率は注目される。男子の中学1年では専門群に匹敵する参加率を示すが中学2年に5％減少する。また、高校進学後の1年1学期では男女ともに跳ね上がるが、結局は不参加群の参加率に収束する。運動技術の専門性、チームメイトの人間関係、専門的なシステムへの違和感など、その差異に潜んでいると推察できる。

　⑤専門・単一群では注目すべき変動があらわれる。男子では高校3年で専門・重複群を上回る7割弱の参加率を示すが、女子は高校進学後4割前後を変動する。社会的交換理論（海老原、2011参照）に基づくならば、女子が単一種目による選択肢の少なさによって脱退すると理解できる

157

が、男子では専門・重複群を高校 1 年から高校 2 年に上回り、その継続が高い水準で維持される事態をいかに理解すればいいのか、興味深い現象となる。それが男女に起因する判断は表面的であり、実施されてきた単一のスポーツ種目特性に起因するのかもしれない。

⑥学年進行にともなう参加と不参加の組合せは 4 パータンだから、それが必ずしも連続的な参加とはならない。しかし、それを考慮した上でも、当初の中学 1 年 1 学期から高校 2 年 3 学期の単純な歩留まり率は、男女の不参加（50.0％・50.5％）、非専門（48.3％・44.4％）、専門・重複（66.7％・69.7％）、専門・単一（73.6％・53.1％）、実質的な歩留まり率は、男女ごとに不参加（47.7％・47.3％）、非専門（44.8％・38.9％）、専門・重複（66.7％・66.7％）、専門・単一（58.5％・48.3％）となる。

この結果から、スポーツ参加とその継続に向けたヒントとして、スポーツを中心に、運動遊びや体育を周辺に、位置づけるスポーツ環境を想定しました（海老原、2011）。具体的なプログラムとして、本格的なスポーツを地域社会のスポーツ組織が、運動遊びや基本的な運動を学校体育が、それぞれ担う複線化したスポーツ・キャリア・システムとなります。従来から、そして、現在も推奨される幼少時の運動遊びや体育での有能感を基礎にスポーツ系種目に発展するモデル、鏡餅型モデルでは、表「不参加」や「非専門」が示すように光の部分となる継続率は 3 割程度にとどまり、陰の部分となる運動・スポーツ離れは大多数を占めます。すでに紹介したように小学 5 年で 4 分の 1、中学 2 年で 3 分の 1 が週に 1 時間未満の運動すらしない現状に一致します。4 歳から 19 歳の運動・スポーツ環境への冷徹な分析はこの鏡餅型モデルの限界を知らしめています（SSF 笹川スポーツ財団、2010、2012）。現状を打開するには、中心となる専門的なスポーツとその中心を知る術（すべ）として周辺に異なるスポーツや運動遊び、体育を提供するスポーツ環境が幼少時より学校機関も含めた地域社会全体で整える時期であると示唆しています。もちろん、中心が学校体育であってもよいのです。その場合に周辺に地域社会の何らかのスポーツを用意する仕組みが肝心となります。学校運動部はその発展的なモデルの一例

となっているに過ぎません。

　もとより、幼少時より男児にはサッカーや野球が本格的に準備されますが、女児にはバレーボールやバドミントンは準備されていません。水泳は幼少時に、バスケットボールは小学校高学年で男女ともに提供される。サッカーと野球に親しんだ女児には中学校進学後の継続機会はほとんど閉鎖されている。スポーツ・キャリアを保障するシステムが問題であって、小学校体育が元凶ではないと考えています。

7　スポーツ指導者スタンダード

　2011年度「スポーツコミュニティの形成促進」を受けて、早速、昨年の「体育の日」には、恒例の文部科学省「体力・運動能力調査報告書」結果とともに、「スポーツ選手派遣　広がる」が報道されました。東京都大田区立小学校に区内NPO法人・総合型地域スポーツクラブからバスケットボール選手が派遣され、担任教諭とともに跳び箱を指導し、6段が跳べるようになった子どもの感想「手のつき方から教えてくれた」が掲載されました（読売新聞、2011年10月10日）。

　基本的な疑問はただ一点、トップアスリートが必ずしも有能な体育・スポーツ指導者とは限らない可能性です。有能な指導者となるには、体育やスポーツ指導に通じる様々なノウハウを学習・習得しなければならず、その専門的なシステムのあり方も様々に論議されています。トップアスリートがその競技力の一部を披露すれば、それは模範演技やお手本となるかもしれません。同僚や後進へのアドバイスが競技力をアップさせたり、一気に開花させたりした経験も多々ありえましょう。

　しかし、小学校体育を担当する小学校教員はもちろん地域のスポーツ指導者もまた、専門的な理論の理解と実践的な指導力の習得に励むシステムをつくりあげ、その養成・研修を通じて、指導者としての資質を保証しています。教員養成・研修では教員養成系大学や体育・スポーツ系大学などが、スポーツ指導者ではスポーツ・レクリエーションにかかわる全国組織

159

や都道府県の系列組織、さらには総合型地域スポーツクラブが独自に、それぞれ免許・資格付与制度を構築・更新しています。すなわち、トップアスリートが競技力を極めるために発揮したと同様の、あるいはそれ以上の、エネルギーを、指導力習得に注ぎこまないままに、安易に指導するならば、好循環の事業は、これまでに養成・研修システムを否定する陥穽にあると指摘できます。

例えば、小学校体育活動コーディネーターに期待される職能、小学校全体の体育授業や体育活動の計画を補助したり、担任とティームティーチングで体育の授業に取り組んだりする能力は、体育や保健体育を専門とする指導主事クラスの教員や副校長・校長でなければもち得そうにありません。しかし、その一方で、そのような人物が、地域社会のスポーツ団体やスポーツ指導者といった外部人材等を小学校体育活動コーディネーターとして派遣するネットワークを有するのだろうか、と非現実的な人材の想定に疑問をもちます。すなわち、地域社会と学校の両者の仕組みに通じるのみならず、主体的に両者を統括できなければ、小学校における体育活動の支援はおぼつかないからです。

体育とスポーツが教育システムの中で特異なポジションを獲得していると指摘してきました。それを積極的にかつ有機的につなげる可能性、すなわち、生涯スポーツ社会の構築とは、学校と地域社会が融合する学社融合社会の具体的かつ先取的事例になりうると期待して止みません。この生涯スポーツ社会の有機的な基盤は専門的な知識と実践的な指導力をもつ職能集団としての体育・スポーツ指導者にあります。すでに、小学校教員養成におけるスタンダードを構築し（海老原・石田、2008）、AAHPERD（American Alliance for Health, Physical Education, Recreation & Dance）系列のNASPE（National Association for Sports and Physical Education）によるスタンダードを参照に、スポーツ指導者の質と水準に関する観点別評価基準の開発、改善、精選をすすめてきました（磯貝ら、2008；田所ら、2009）。だからこそ、小学校体育活動に参画する際には小学校教員スタンダードを、地域スポーツ活動に参画する際にはスポーツ指導スタンダード

を、それぞれ習得すべきであり、学社融合となる「スポーツコミュニティの形成促進」「地域スポーツとトップスポーツの好循環推進プロジェクト」では、両方のスタンダードを習得しておくべきと考えています。生涯スポーツ社会構築に向けて、学社融合を実現するプロジェクトの方向性は決して間違ってはいない、と信じています。

〈付記〉「スポーツ基本計画」では、小学校体育活動コーディネーターに加え、デジタル教材の作成・提供が盛り込まれます。前者には指導の専門性の欠如を危惧しましたが、後者には機能に焦点を絞った外注的発想を感じます。斉藤貴男（2004）が指摘する脳のアウトソーシングである。携帯電話が身体の一部となる生理的器官化と同じ手順で、学校が外注（アウトソーシング）を選択するならば、学校がもつ身体（体育）、情動（徳育）、理知（知育）の主体性が消失する危惧を抱きます。

【注】
　平成7年度当初、総合型地域スポーツクラブの事業展開は全国の約1万の中学校区を試算し、併せて、総合型地域スポーツクラブの運営や活動を支援する広域スポーツセンター300を想定した。平成12（2000）年9月「スポーツ振興基本計画」では、2010年までに全国の各市区町村において少なくともひとつは総合型地域スポーツクラブを育成（将来的には中学校区程度の地域に定着）、また、2010年までに、各都道府県において少なくともひとつは広域スポーツセンターを育成（将来的には広域市町村単位に設置）と、それぞれ後退する。いわゆる平成の大合併（市町村統合）によって前段の目標が容易にクリアするカラクリにある。日本の市町村の数は、平成13（2001）年1月時点で、市が695、町が2186、村が566、合計3447であったが、その後、市町村合併がすすみ、平成24（2012）年1月時点で、市が787、町が748、村が184、合計1742（東京都市町村計に23特別区を含む）になった。
　さらに、平成23年度「スポーツコミュニティの形成促進」と平成24年度3月「地域スポーツとトップスポーツの好循環推進プロジェクト」では、総合型地域スポーツクラブのうち、選りすぐられた拠点クラブがいくつかの総合型地域スポーツクラブを統括する。労働者の仲良しグループの解体にはそのグループ内の誰かを管理職に就ける、と投げかければ自然崩壊する。その手法に照らすと、総合型地域スポーツクラブのうち、一つ二つを拠点クラブという管理職に充て、そこが総合型地域スポーツクラブ、スポーツ少年団、学校（運動部活動）、小学校（体育）への派遣事業を統括する。多くの総合型地域スポーツクラブは自然淘汰のごとく解体する。平

161

成 23 年度「スポーツコミュニティの形成促進」事業報告会（平成 24 年 3 月 8 日）には、文部科学省より拠点クラブとして選出された、都道府県から 2 つまたは 3 つの総合型地域スポーツクラブ 50 団体が並んだ。声がかからないクラブは 1700 団体弱と単純に計算できる。

【参考文献】

AAHPERD(American Alliance for Health, Physical Education, Recreation and Dance): (http://www.aahperd.org/).
海老原修，2005，子どものスポーツ・キャリア・パータンにみる連続性と非連続性，日本体育学会第 56 回大会体育社会学専門分科会発表論文集，pp.136-140.
海老原修・石田淳一，2008，小学校教員を目指す人のための【教育実習ノート】〈横浜スタンダード準拠〉，東洋館出版社.
海老原修，2010，「運動しない女子生徒のスポーツ・キャリア～スポーツに結びつかない運動遊びと体育の可能性～，日本体育学会第 61 回大会体育社会学専門分科会発表論文集，pp.24-29.
海老原修，2011，スポーツ・キャリアを考える，体育の科学 61（9），642-652.
石河利寛，1987，社会体育指導者養成制度について，体育の科学 37（1），31-32.
磯貝靖子・水野昌亨・黒岩俊彦・田所克哉・海老原修，2008，スポーツ指導者の質と水準に関する観点別評価基準の開発，平成 20 年度県立体育センター研究，体育センターレポート第 36 号（2008 年度版），(http://www.pref.kanagawa.jp/cnt/f370344/p1049.html#joho).
水野忠文，1974，体育思想史序説，世界書院.
室井尚，1986，「転換」と「変異」～スポーツ、あるいは奇形的身体の開花，現代思想 14（5），148-155.
NASPE (National Association for Sports and Physical Education): (http://www.aahperd.org/naspe/standards/nationalStandards/)
齋藤貴男，2004，安心のファシズム，岩波新書.
寒川恒夫，1994，スポーツ文化論，杏林書院.
Spencer, H.,(1875): Education - Intellectual, Moral and Physic, Hurst & Company publishers, New York. （尺振八訳（明治 13 年）『斯氏教育論』国書刊行会）（原書は http://archive.org/stream/educationintelle00spenuoft#page/n5/mode/2up）（翻訳は http://kindai.ndl.go.jp/info:ndljp/pid/808604/）
SSF 笹川スポーツ財団，2010，SSF 笹川スポーツ財団子どものスポーツライフ・データ 2010 ／青少年のスポーツライフ・データ 2010，SSF 笹川スポーツ財団.
SSF 笹川スポーツ財団，2012，SSF 笹川スポーツ財団子どものスポーツライフ・データ 2010 ／青少年のスポーツライフ・データ 2010，SSF 笹川スポーツ財団.
田所克哉・江守哲也・土井義浩・落隆久・海老原修，2009，スポーツ指導者の質と水準に関する観点別評価基準の改善と精選～スポーツ指導振り返りシート「か

ながわスタンダード」の作成〜，平成 20 年度県立体育センター研究，体育センターレポート第 37 号（2009 年度版）（http://www.pref.kanagawa.jp/cnt/f370344/p1120.html#joho）．

第7章

総合型地域スポーツクラブのイノベーション

―「寄付金志向」のファンドレイジングと
　認定NPOへのチャレンジ―

水上博司

1 「新しい公共」とソーシャルキャピタル

　総合型クラブは「新しい公共」の主体としてその役割が期待されています。例えば内閣府の「新しい公共」円卓会議が示した「新しい公共宣言」の中で総合型クラブの役割は、「新しい公共を担う社会的・公共的人材の育成」を担う主体として、次のように説明されています。

　　総合型地域スポーツクラブを拠点とした地域住民の主体的取組
　　　行政による無償の公共サービスから脱却し、地域住民が出し合う会費や寄付により自主的に運営するNPO型のコミュニティスポーツクラブが主体となって地域のスポーツ環境を形成する。学校・廃校施設の活用や学校へのクラブ指導者の派遣など、クラブと学校教育が融合したスポーツ・健康・文化にわたる多様な活動を通じて、世代間交流やコミュニティ・スクールへの発展につなげていく。
　　　　　　　　　出典：第8回「新しい公共」円卓会議資料、平成22年6月4日

　加えて、文中の「主体となって地域のスポーツ環境を形成する」ことの具体的なイメージには、総合型クラブが地方自治体とともにスポーツ推進の方向性について、その「ルールと役割を協働して定めること」を想定することができます[1]。スポーツ基本法第10条では、「スポーツ基本計画を参酌して、その地方の実情に即したスポーツの推進に関する計画（以下「地方スポーツ推進計画」という）を定めるよう努めるものとする」と謳われています。今後、全国の地方自治体において「地方スポーツ推進計画」の立案準備がすすむと思われますが、立案への積極的な協力は「新しい公共」を担う総合型クラブの重要な市民参画の1つであると言えます。
　とはいえ、一言で市民参画と言っても、政策立案のもとになる基本法規や地方自治体のグランドデザイン・マスタープランといった基本方針に無関心では、「新しい公共」の役割を果たすどころか、市民参画のスタート

第7章　総合型地域スポーツクラブのイノベーション

表1　市区町の総合計画の策定に関わった住民（全国753市区町の複数回答）

項　目	市区町	
商工会議所など特定の団体の代表者	632	83.9%
町会など特定の地域の代表者	503	66.8%
公募で選んだ市民	494	65.6%
無作為に抽出した市民	286	38.0%
その他（具体的に　　　　）	162	21.5%
関わっていない	5	0.7%

公益財団法人日本生産性本部、「地方自治体の総合計画の実態に関するアンケート調査」2012年4月

ラインにも立てません。「基本法」「宣言」「計画」のスポーツ将来ビジョンは、今後策定がすすむ「地方スポーツ推進計画」の基本方針に位置づくものですから、総合型クラブ関係者には、日頃の実践を踏まえて、スポーツ将来ビジョンの本質を理解しておくことは重要です。

　表1は全国の市区町において、どのような住民が自治体の総合計画の策定に関わっているのか（複数回答）、全国753市区町を対象に実施したアンケート調査の結果を示したものです。上位から「商工会議所など特定の団体の代表者」83.9％、「町会など特定の地域の代表者」66.8％、「公募で選んだ市民」65.6％の3タイプの住民代表者で占められており、総合計画の策定に関する市民参画の姿が見えてきます。このことは運動・スポーツの愛好者を特定して住民代表者が選ばれるようなしくみではなく、どちらかといえば商工会や地域づくり団体から選ばれて参画していることをあらわしています。

「地方スポーツ推進計画」の立案参画では、スポーツがどのように地域に対して社会経済的に貢献し得るのか、総合型クラブは、このことを運動・スポーツ系以外の地域団体・個人との関係を日常的に構築していくことで、その貢献内容と実績を残していく必要があります。それは、ソーシャルキャピタル（社会関係資本）と言われる地域でのつながりや人間関係の構築をとおして、スポーツの社会公益性を見定めていくということでもあります。

しかしながら、まだまだこの種のソーシャルキャピタルが、スポーツをとおした世論形成にまで力を発揮するには至っていません。言い換えるならば、総合型クラブから教育、福祉、健康、育児、安心安全、防犯など社会公益的な立場を踏まえつつ「地域づくりのミッション」を発信し、市民を巻き込んだ世論をつくりだすことができているかどうかです。

　図1は、総合型クラブが具体的に地域において、どのような市民団体・機関との間でソーシャルキャピタルを構築することができるのか、想定される市民団体・機関をリストしてモデル図として示したものです。総合型クラブは、こうした市民団体・機関との協働事業を推進したり、地域づくりの近未来像をいっしょに描いていくことで社会公益的な団体を目指す必要があります。「地方スポーツ推進計画」への市民参画は、そのためのきっかけの1つでもあり、総合型クラブの組織内イノベーションをも促す

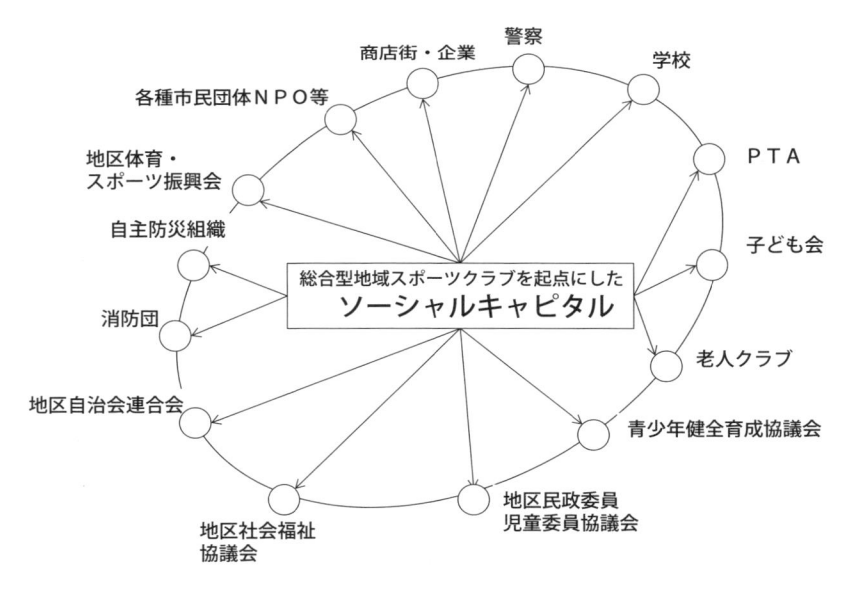

図1　総合型地域スポーツクラブを起点にしたソーシャルキャピタル

平成23年度神奈川県小田原市第5次総合計画・「おだわらTRYプラン―市民の力で未来を拓く―」「総合計画」策定のための市民参画手法「おだわらTRYフォーラム」関連資料を参照して筆者が作図

第7章　総合型地域スポーツクラブのイノベーション

と確信しています[3]。図1のようなソーシャルキャピタルの構築が総合型クラブの運営理念の主軸に据えられていけば、総合型クラブのイノベーションを支えるスポーツ世論の形成へつながるのではないでしょうか。

2　シンクタンク機能をもった地方版ミーティングへ

　クラブネッツは創設当初から活動理念に総合型クラブ間のネットワークづくりを掲げてきました。このため創設直後にはインターネット環境を活用した総合型クラブ向けのメーリングリストやホームページを開設してきました。総合型クラブの情報がまだまだ少ない当時ですからメーリングリストの情報やメール上でつながる交流は現場からの貴重な情報源になり、なにより地域や立場を超えて互いを励まし合える仲間づくりの場になっていたようです。それから15年、インターネットは急速な発展をとげて、今日では誰もがツイッターやフェイスブックなどSNS（Social Networking Service）をとおして、自らの情報を自由に発信できるようになりました。誰もが自分だけの情報発信メディアを持っていることになります。こうしたインターネットの急速な発展は、総合型クラブ間の交流・ネットワークづくりを加速させてきたことには間違いありません。この点だけをみれば、クラブネッツが創設当初から理念としてきたネットワークづくりは、インターネットの発展に支えられ一定の成果が得られているかにみえます。

　しかしながら、こうした成果の一方で、情報や人材ネットワークの分散化も加速させてしまいました。いわゆる情報格差による分散化はもちろんですが、総合型クラブの設立経緯や活動種目の違いが、大きく異なったスタイルの運営体制を生み出してしまいました。ここに地域の歴史や地域スポーツ制度の違いが加わるわけですから、情報共有が図られないばかりか、クラブづくりへの共感が限られた内々の人々で閉じられた情報になってしまいました。「タコツボ化」した総合型クラブが顕在化してきていると言えます。

とはいえ、総合型クラブは、すぐれたマネジメント能力とコーディネート能力をもった新しいタイプの地域スポーツリーダーを育てる場となってきました。運動・スポーツの技術指導やトレーニング指導といったコーチングタイプとは違うコーディネータータイプ、マネージャータイプのリーダーです。クラブマネージャーやクラブアドバイザーという資格や職名で知られるようにもなり、こうしたリーダーが情報や人材の分散化を食い止め活性化の方向へ再調整できる能力を発揮できるものと確信しています。

　本書のもとになったフューチャーズミーティングは、東京を会場に開催してきました。近年中には、こうしたフューチャーズミーティングが地方のあらゆる会場で定期的に小規模でよいでの開催されていくことを願っています。参加者が日帰りで無理なく行き来でき、互いの地域の実情をわかりあえる人たちが定期的に会合を持つような場です。地方各所でフューチャーズミーティングの地方版が開催され、コーディネーター役にクラブマネージャーらが主体的にかかわることを期待しています。

　地方各所でバラバラの開催となれば、一段と分散化を加速させるではないか、という疑問を持たれる方もいるでしょう。しかし、そうではなく、まずは自分の総合型クラブの課題を率直に披露し、情報交換しあえる機会を定期的に確保することが情報格差を少なくする優先事項であり、総合型クラブの運営課題を明確に自覚化できるのではないでしょうか。こうした機会を通じて問題意識の共有が可能となり、地域や総合型クラブの格差なく、ネットワークづくりの中核がかたちづくられていくことを確信しています。

　今日でも全国規模・ブロック規模でクラブ関係者らが集って研修・情報交換をする機会はありますが、能動的にかかわり、主体となって話しやすい環境をつくっているかというとまだまだです。どうしても受身的な立場での参加というスタンスになってしまいます。全国に約3,500にのぼる総合型クラブの中には、新米のクラブマネージャーもいますし、設立間もない活動実績の少ない初級者レベルの総合型クラブもあります。そんな初級者からみれば、全国的な研修会に出席しても、コミュニケーションのと

りやすい環境を見つけることはなかなかむずかしいでしょう。

　参加メンバーが行き来しやすく、コミュニケーションのとりやすいサイズ（圏域と人数）で地方版フューチャーズミーティングを開催することは、情報格差や人材ネットワークの分散化の解消につながるのではないかと考えます。地域の課題を取り上げたテーマミーティングや学習会のようなものでも構わないと思います。だれもが自由にスポーツの未来、総合型クラブの未来について語り合えるオープン・スペース・ミーティングをイメージしています。

　もちろん多くのクラブマネージャーらは、自らの総合型クラブの運営に精一杯です。その上で定期的なミーティングに出席するのは負担かもしれませんが、運営課題の解決のヒントは、相談し合える身近な仲間を見つけることからです。仲間のつながりから複数の総合型クラブの協働事業が発案できるかもしれません。また新事業の推進や事業改善のためのエビデンスデータを取得できるような機会になるかもしれません。地方版フューチャーズミーティングは総合型クラブの事業展開と運営基盤の安定に必要な情報を収集し、政策提言ができるシンクタンクとして機能することが理想です。言い換えれば、総合型クラブのシンクタンク機能を稼働させることでもあります。地方と地方、地方と中央がそれぞれのエビデンスデータを持ち寄りながら、協力して必要な政策立案を行っていく実績が残せればなおよいと思います。

　格差の広がった総合型クラブのうち、財源的にも人材的にも比較的安定した組織基盤である総合型クラブは、ぜひともこうした地方版フューチャーズミーティングの開催をサポートし、仲間を一人でも多く増やしてもらうことを期待しています。

3　次世代リーダーの育成と One to One マーケティング

　総合型クラブの会員制度は、活動種目や世代、利用施設の機能に応じて多様な種別を用意しています。総合型クラブの社会的価値と社会公益性を

高く評価してもらうのであれば、入会しやすい幅広い世代の会員種別を設定することはもちろん、会員以外に対する社会貢献活動も総合型クラブの理念として事業化できる運営が望ましいでしょう。とりわけわが国の青少年期のスポーツ環境は、学校運動部制度の影響を受けているため、中学校期から大学期までの若年世代の会員数は、どこの総合型クラブでも少なくなってしまいます。このため若年世代向けにスポーツ指導補助のボランティアの場を提供したり、大学生のインターンシップ受け入れ先として場を提供するような工夫がなされているようです。今後、若年世代のボランティアやインターンシップの場として総合型クラブがその役割を果たしていくことは、総合型クラブの持続的発展を大きく左右するのではないかと感じています。かつて総合型クラブの会員だった子どもたちが、成長し大人になって自らが所属していた総合型クラブの運営スタッフとして戻ってくる循環のしくみでもあります。

　マーケティング手法の1つに「One to One マーケティング」というものがあります。一人ひとりの顧客のニーズや価値観、ライフスタイルに合わせて個別的にアプローチをして、継続的に顧客を繋ぎとめておくマーケティング手法の一つです[4]。総合型クラブであれば、会員一人ひとりのスポーツライフスタイルを把握しながら、一人ひとりに個別的に情報提供したり、サービスアプローチをすることで会員の継続化につなげます。図2は CRM（Customer Relationship Managemant）顧客管理手法におけるもっとも一般的な顧客分類を参照して地域における総合型クラブの会員階層を「これまで」と「これから」で表わしたものです。「総合型クラブの新規会員」の獲得では、多くの場合「スポーツ無関心層」「潜在的なスポーツ活動層」に対して、もっとも効果的な手法を用いてマス・マーケティング（すべての対象者に画一的な方法で）を実施しています。多数で多様なニーズが混在する無関心層と潜在的活動層に対して「One to One マーケティング」を実施することはあまり現実的とは言えないでしょう。

　とはいえ、急速に発展したインターネット環境は「継続会員」「寄付支援者（賛助会員）」の持続的確保において「One to One マーケティング」

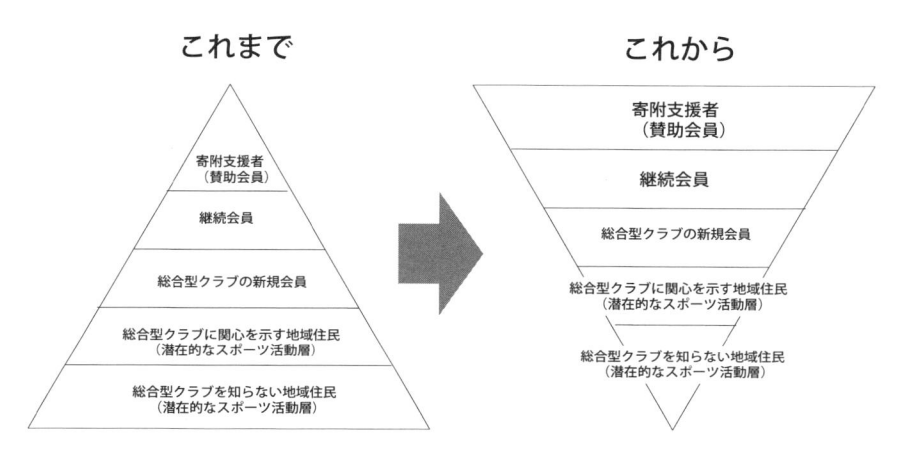

第7章 総合型地域スポーツクラブのイノベーション

図2 会員階層の「これまで」と「これから」

の手法を活用できる可能性を広げたと言えます。昨今では、セールスフォース社の「Salesforce」やマイクロソフト社の「Dynamics CRM」など、数千人数万人の会員（顧客）を一元管理できるクラウドシステム（大規模データをサーバ上に管理して利用者はインターネットから誰でもデータの変更・管理ができる）が開発されています。これを活用すれば総合型クラブのスタッフ間ですべての会員（顧客）のスポーツライフスタイルや個別的アプローチが可能になってきました。

Salesforce は、全世界では 5,500、日本でも 80 を超える非営利団体が活用するようになり、会員情報管理や寄付支援者の動向分析に大きな成果をあげつつあります。図2の「これから」に示した逆ピラミッドは総合型クラブが地域密着化を実現し、多くの継続会員と寄付支援者によって支えられた会員階層を示しています。Salesforce 等を活用した「One to One マーケティング」は、総合型クラブの「これから」の会員階層モデルの実現へ向けて大きく可能性を広げたように思います。

さらに、「One to One マーケティング」は総合型クラブの次世代リーダーの育成にも活用できると考えます。現在の総合型クラブの会員制度そのものを柔軟な発想で工夫し、若年世代を活用し続けるような制度に切り替

えることです。基本的な考え方は、総合型クラブや地域を支える次世代の若者たちを継続会員としてつなぎとめておくことになるでしょう。しかし、先にもふれたように青少年期のスポーツ環境に根強く残る旧来型の学校運動部への入部は、総合型クラブの会員であり続けることを困難にさせているといってもよいでしょう。

　例えば、総合型クラブは、中学や高校入学と同時に退会し会費を払わなくなった会員を、そのまま退会者として扱うのではなく、「One to One マーケティング」の手法を用いて、総合型クラブにつなぎとめておくことの可能性を探ることです。一度会員であった子どもたちは、将来的に総合型クラブを支える人材として十分な可能性をもっています。会費を払わなくなったらそのまま総合型クラブの会員資格を失うという、いわば総合型クラブとの接点がまったく閉ざされてしまうというメンバーシップ制の発想を改めることです。総合型クラブの社会的価値や社会公益性の向上を考えていくのであれば、若年世代、とくに将来の総合型クラブや地域の人材をどのようにつなぎとめて活用していくのか、このことは総合型クラブの持続的発展には欠かせない戦略であると確信しています。

　そのためにも「One to One マーケティング」の手法を活用したり、「Salesforce」や「Dynamics CRM」を導入して、若年世代層のスポーツライフスタイルを継続的に把握することにコストの出し惜しみをしない発想が必要ではないでしょうか。インターネット環境の急速な発展は、会員でなくなっても、総合型クラブの活動情報をニュースレターで届けること、毎年バースデイカードを届けること、年間をとおして1度だけでも総合型クラブの事業に参画すること、こうした個別的アプローチは十分に可能になっているのです。

4　「寄付金志向」のファンドレイジングへ

　図3は、わが国のNPO法人数の推移を表わしたものです。総数は47,123法人で、年次ごとの設立数は2008年のリーマンショックでも増

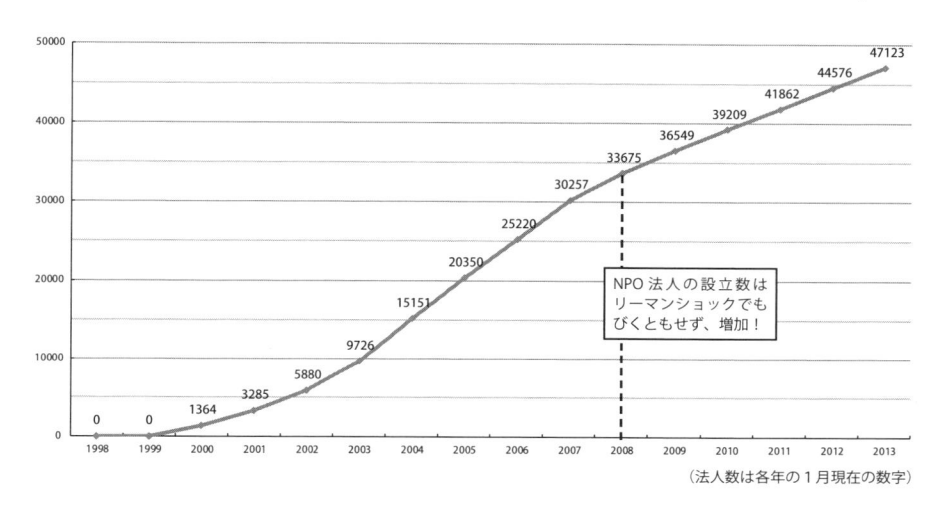

第7章　総合型地域スポーツクラブのイノベーション

図3　NPO法人数の推移
出典：シーズ・市民活動を支える制度をつくる会、ニュースレターシーズ通信73号、2013年6月1日発行

え続けてきました[5]。この状況は総合型クラブでも例外ではなく増え続けてきたのです。2013年7月時点での総合型クラブ育成数は3,493、そのうちNPO法人格を取得している総合型クラブは543団体です[6]。NPO型総合型クラブの一部では、地方自治体からシティマラソン大会など大規模スポーツ事業の運営委託を受けたり、公共スポーツ施設の指定管理業務先になることで財政的にも大きな資金と多数のスタッフを雇用しています。例えば、「平成25年度地域スポーツとトップスポーツの好循環推進プロジェクト」に選定されている団体は全国に61あり、その多くが地方自治体から大規模事業や施設管理の委託先になっていることは否定できません。しかしながら、この種のNPO型総合型クラブのなかには、実際には公共スポーツ施設を利用する団体（種目別チーム）・個人の利用調整や利用手続き等、これらの窓口が主たる業務であることが多く、利用する団体・個人を総合型クラブの会員とする、いわば施設利用の条件に総合型クラブへの加入を義務づけるケースも少なくありません。

こうしたケースは施設管理や事業の委託先となる「補助金・助成金志向」

175

の総合型クラブと言ってよいでしょう。国や地方自治体・公益法人等から補助金・助成金を獲得して、それを総合型クラブの運営の基礎財源にしながら各種事業を展開していきます。したがって、総合型クラブの運営基盤は、国や地方自治体の政策に大きく左右され補助金・助成金がストップしたり、減額されてしまうと総合型クラブの存続そのものも立ち行かなくなる構造です。つまり、総合型クラブが自立的にファンドレイジング（資金獲得手法）できない構造に陥る可能性を十分にはらんでいるのです。

　このため総合型クラブは、これまでの「補助金・助成金志向」から「寄付金志向」のファンドレイジングを財政自立の道筋として早急に検討する必要があると考えます。米国ファンドレイジング協会代表のポーレット・マエハラ氏は人が寄付することの意味について、「自分は最低限生きていくことができれば、それすら難しい人に何か施したい、助けたいという気持ちにならないだろうか。寄付をすると、世界を変えることができたと幸福感を味わえる。[中略]いいことをしたいという気持ち、あるいは事実を知るということのほうが強い動機づけになる」と寄付者の核心に触れています[7]。

　私たちはまずNPO型総合型クラブにおける「寄付金志向」のファンドレイジングの本質を確認しなければなりません。ただ単に「総合型クラブに対して資金提供してもらう」という寄付行為だけでは本質を捉えたことにはならないでしょう。総合型クラブのファンドレイジングは寄付者が、総合型クラブへの「寄付という社会参加」をとおして、人と社会とスポーツの変革する場へ参加し、総合型クラブの社会的価値とスポーツ愛好者層の社会変革意識の向上につなげることを目指します。したがってそれは、総合型クラブの自立という大きな課題を解決に導く社会変革力が結集することにもなり得ると思います[8]。

　日本ファンドレイジング協会の調査によれば、2011年の震災関係・震災関係以外のすべてを含む寄付者人口は、7,026万人と推計しており、これは2011年の15歳以上人口1億248万人の68.9％に相当します。寄付金は震災関係が約5,000億円、震災以外の個人寄付金が5,182億円と

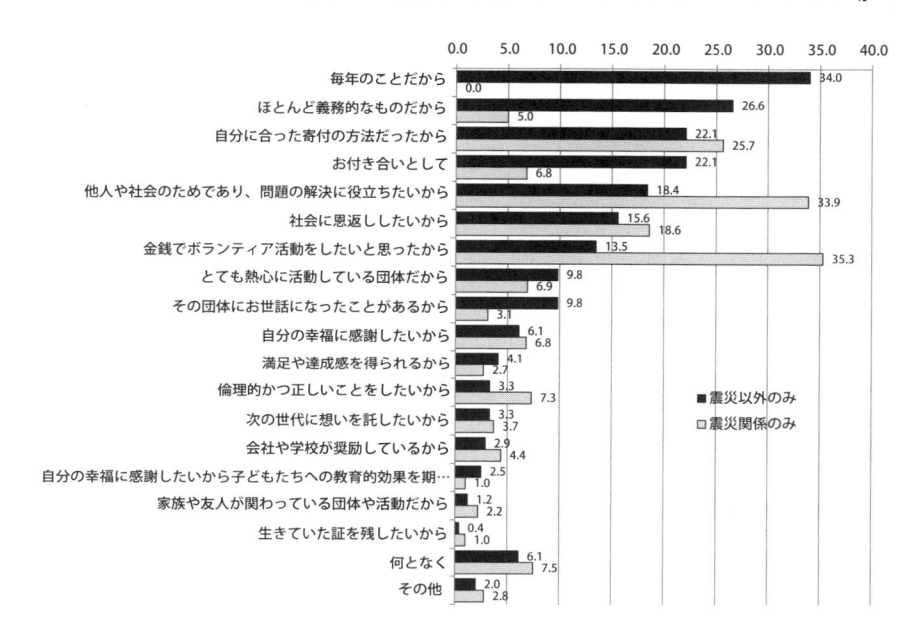

第 7 章　総合型地域スポーツクラブのイノベーション

図4　寄付の動機

出典：日本ファンドレイジング協会編、寄付白書 2012、p68

なっており、震災を除けば、おおよそ毎年 5,000 億円が日本における個人寄付総額になっています[9]。これらの寄付がどのような動機で行われたのかを示したものが図4です。「震災関係のみ」「震災以外のみ」の別にあらわしています。「震災以外のみ」では「毎年のことだから」34.0％、「ほとんど義務的なものだから」26.6％が上位にランキングされて、いずれも定期的に寄付をする継続寄付者として固定化されていることがわかります。一方で、「震災関係のみ」をみると、「金銭でボランティア活動に参加したいと思ったから」35.3％、「他人や社会のためであり、問題の解決に役立ちたいから」33.9％が上位にランキングされる結果となっています。大震災の影響が寄付をとおしたボランティアへの参画、社会問題の解決といった社会参加の意義を浮き彫りにさせたことがわかります。

今後、総合型クラブは、図2の「これから」に示した逆ピラミッド型

177

の会員階層を目指した「寄付金志向」のファンドレイジングを確立していくことです。こうした会員階層確立によって支えられる総合型クラブの社会的価値の向上は、社会変革意識を醸成するスポーツ世論の形成へつながっていくものと考えます。

5　認定NPO法人取得の可能性

　2012年4月、改正NPO法（特定非営利活動促進法）が制定されました。今回の大改正は、NPO法人の自立的なファンドレイジングを応援する性格のものです。とりわけ寄付金控除が適用される認定・仮認定NPO法人の取得において、
　①難関だったパブリック・サポート・テスト（PST）が免除される「仮認定制度」を導入したこと
　②認定機関を国税庁から都道府県・政令市へ移管したこと
　③「みなし寄付金制度」を社会福祉法人並みに拡充したこと
が改正の大きなポイントになっています。ここでは改正の細部についての説明は省略しますが、例えば事業型NPO、いわばこれまで「補助金・助成金志向」のファンドレイジングで事業展開をし、地域や地方自治体からの信頼を得られるようになった総合型クラブが「寄付金志向」のファンドレイジングへシフトチェッジすることを可能にしてくれました。

　認定NPO法人を取得するためには、直近の2事業年度において、次頁に示した①〜⑧の8つの基準をクリアしておく必要があります（表2）[10]。

　認定NPO法人は、個人や法人が寄付した際に、次の4つの優遇税制が受けられます。(1) 個人が寄付した場合の寄付金控除、(2) 法人が寄付をした場合の損金算入限度枠の拡大、(3) 相続人が寄付した場合の非課税、(4) 認定NPO法人自身のみなし寄付金、いずれも世界水準からみても優遇された税制であり、この寄付税制が広がることによって、寄付者を増やすことが期待できます[11]。

第 7 章　総合型地域スポーツクラブのイノベーション

表 2　認定 NPO 法人になるための基準

認定 NPO 法人になるためには、実績判定期間（初回は原則直前の 2 事業年度）において、認定①から⑧、仮認定は②から⑧を満たしている必要があります。

①パブリックサポートテスト（PST）をクリアしていること
1　経常収益金額に占める寄附金収入金額の割合が 20％以上です。
2　各事業年度中の寄附金の額が 3,000 円以上である寄付者の数が年平均 100 人以上です
3　都道府県・市区町村から条例で個別指定を受けています
　※ 1 ～ 3 のいずれかを満たしていること

②活動のメインが共益的な活動でないこと
1　会員等のみを対象とした物品の販売やサービスの提供等
2　特定のグループや特定非営利活動法人クラブネッツの地域などに便益が及ぶ活動
3　特定の人物や著作物に関する普及啓発等の活動
4　特定の者の意に反した活動

③組織運営等が適正であること
1　役員の総数のうち特定の役員及びその親族関係者等の占める割合が 1 ／ 3 以下です
2　役員の総数のうち、特定の法人の役員や従業員の占める割合が 1 ／ 3 以下です
3　公認会計士等の監査を受けているか、青色申告法人と同等に取引を帳簿に記録し、保存しています
4　各社員の表決圏が平等です
5　支出した金銭について費途が不明なものや、帳簿への虚偽の記載はありません

④事業活動について一定の要件を満たしていること
1　宗教活動および政治活動、特定の政党・候補者等への推薦・支持・反対等を行っていません
2　役員や社員、職員、寄付者に特別の利益を与えていません
3　営利を目的とした事業を行う者や、政治・宗教活動を行う者、特定の公職の候補者に寄付を行っていません
4　実績判定期間において【特定非営利活動に係る事業費／事業費の総額】の割合が 80％以上です。
5　実績判定期間において【特定非営利活動の事業費に充てた額／受入寄附金の総額】の割合が 70％以上です

⑤情報公開が適切であること
　認定申請書類について、一般の人から閲覧の請求があった場合、おおじることができます

⑥事業報告書等を所轄庁に提出していること
　毎年度、事業報告書や活動計算書等を所轄庁に提出しています

⑦法令違反等がないこと
1　法令に違反する事実はありません
2　偽りや不正の行為によって利益を得た事実または得ようとした事実はありません
3　その他にも、公益に反する事実はありません

⑧設立の日から 1 年を超えないこと
　申請書の提出日を含む事業年度開始の日において、設立の日から 1 年を超える期間を経過しています。

出典：NPO 法人シーズ・市民活動を支える制度をつくる会
2012 年 12 月 1 日　「認定 NPO 法人制度を活用ください（国際協力 NGO 編）」

こうした税制優遇を受ける寄付先の1つとして、認定NPO法人格を取得した総合型クラブが十分な条件を備えているのではないでしょうか。総合型クラブは、もともと会員制度を敷いていますが、賛助会員や地元企業からスポンサー支援など積極的に寄付者の獲得をした実績をもっています。また、総合型クラブの社会的価値を高めていくための社会貢献活動をサポートしてくれる地域住民の存在も将来の寄付者として期待できます。

　認定NPO法人を取得した総合型クラブへの寄付者は、「寄付という社会参加」が実感できるような情報提供や社会参加の方法を構築していく発想が必要です。言い換えれば、寄付者を総合型クラブで「育てていく」というイメージでも構いません。総合型クラブへの「寄付という社会参加」をとおして、寄付者を社会変革力の貴重な人材と考えて継続的に育てる使命をもつことです。つまり、寄付者はただ単にお金を支払うということではなく、総合型クラブの次代を担う人材として十分な候補者と成り得るのです。

　寄付者は、総合型クラブの熱烈なファンです。厳しい評価をしてくれる良き理解者でもあり、総合型クラブのもっとも身近な審判でもあります。総合型クラブは、日常の運営のなかで、どのように寄付者個別にアプローチしていくのかを考えなければなりません。総合型クラブの活動を情報公開することはもちろんですが、寄付者個別にダイレクトメールやニュースレターを送ったり、ブログやSNSをとおして寄付者を紹介するなど、寄付者との接点を常日頃から絶やすことなくつなぎとめておくことが重要であり、そのことが信頼という関係につながっていきます。前節でも取り上げたように、Salesforceなどのクラウドコンピューティングを活用した寄付者情報の一元管理化は、寄付者との接点を詳細に記録しながら、継続的に支援してくれる寄付者を育てていくためにも重要なツールであると考えます。

　「寄付金志向」のファンドレイジングは、総合型クラブの社会的価値を高めることはもちろん、総合型クラブの組織ガバナンスの再評価にもつながり、次世代リーダーの育成、そして地域に幅広く支援者を得る熱烈なファ

ンの開拓にも貢献できるでしょう。

【参考・引用文献】
1) 内閣府，2010，第8回「新しい公共」円卓会議資料会議資料,「新しい公共」宣言、2010年6月4日.
2) 公益財団法人日本生産性本部，2012，地方自治体における総合計画の実態に関するアンケート調査．
3) 小田原市企画部，2011，第5次小田原市総合計画・おだわらTRYプラン―市民の力で未来を拓く希望のまち―，2011年3月.
4) Don Peppers, Martha Rogers著，井関利明訳，1995，ONE to ONEマーケティング―顧客リレーションシップ戦略―，ダイヤモンド社.
5) 特定非営利活動法人シーズ・市民活動を支える制度をつくる会，2013，シーズ通信73号，2013年6月1日発行.
6) 文部科学省スポーツ・青少年局，2013，平成25年度総合型地域スポーツクラブ育成状況調査，URL: http://www.mext.go.jp/a_menu/sports/club/1339568.htm（2013年9月20日閲覧）.
7) 朝日新聞東京本社版，2009，「ざっくばらん・NPOが寄付を集めるためには？」2009年4月29日朝刊記事.
8) 松原明・鈴木歩著，2010，NPOのファンドレイジングをはじめよう―市民の力を掘り起こす「資金開拓」―，特定非営利活動法人シーズ・市民活動を支える制度をつくる会発行.
9) 日本ファンドレイジング協会編，2012，寄付白書2012―GIVING JAPAN2012―、経団連出版.
10) 特定非営利活動法人シーズ・市民活動を支える制度をつくる会，2012，「認定NPO法人制度を活用ください（国際協力NGO編）」，2012年12月1日発行.
11) 関口宏聡・大庭勇著，2013，認定NPO法人になるための運営指南書・国際協力NGO編，特定非営利活動法人シーズ・市民活動を支える制度をつくる会.

おわりに —スポーツ・コモンズ—

　設立から16年。クラブネッツは新たな第一歩を踏み出します。
　2013年9月に「認定特定非営利活動法人（認定NPO法人）」の申請を行い、書面審査、実地調査を終え、本年度内には所轄庁（福島県）から認定を受ける見通しとなりました。ご存知の方も多いかと思いますが、この認定NPO法人制度とは、NPO法人のうち、その運営組織及び事業活動が適正であり、一定の基準（パブリック・サポート・テスト等の8つの要件）を満たした公益性、公共性の高い団体に対して、市民や企業等が「寄附をしやすくなる」と同時に、認定NPO法人自身も「寄附を集めやすくなる」という税制上の優遇措置を拡大し、市民が主役となる社会を創っていこうとするものです。

「これからのスポーツ社会学は、頭の中だけで考えるのではなく、実践を伴わなければ何も変わらないのではないか」、1998年5月、ある研究会の休憩時間に水上先生（当時三重大学、現在日本大学）と交わした何気ない会話が、クラブネッツ発足の最初の一歩となりました。今後も、机上論ではなく、身をもって体験したことを様々な媒体（ホームページ、メーリングリスト、セミナー、ニュースレター、書籍等）を通して、全国の総合型クラブやスポーツNPOに伝えていきたいと考えています。

　さて、迷った時には原点に立ち返ってみることが重要です。総合型クラブとは、決して「多種目・多世代」といった形ではなく、生涯を通してスポーツに親しむことができる仕組みづくりを目指したものであり、我が国のスポーツシステムを構造改革することを目的に構想された政策です。すなわち、総合型クラブ政策のゴールは、従来の硬直化したピラミッド型の

システムから脱却し、柔軟性のあるネットワーク型のシステムに転換することにあると言ってもいいでしょう。

　今後10年を見据えた総合型クラブの将来展望についての私の考えを述べ、あとがきに代えたいと思います。

（1）総合型クラブの存在意義

　2011年6月、これまでのスポーツ振興法が約半世紀ぶりに全面改正され、「スポーツ基本法」が成立し、その中にスポーツを行う人々の権利、いわゆる「スポーツ権」が明記されました。しかし、スポーツ基本法やスポーツ基本計画を現場に浸透させるためには、実際に動く人間、組織が必要です。これまでのスポーツ・健康政策は、主に行政が手足となって推進してきました。しかし、職員や予算の削減等のスリム化や効率化に伴い、行政が十分な機能を果たすことができなくなってきています。これからは、地域の最前線にいる総合型クラブ等の住民組織が担い手になっていく時代を迎えています。性別、年代、障がいの有無や国籍に関係なく、遍（あまね）く人々が豊かなスポーツ文化を享受することができる生涯スポーツ社会を実現していくことが総合型クラブの大きな使命であると考えます。

（2）総合型クラブの「格差」是正

「各市町村において少なくとも一つの総合型クラブを育成する」という政策目標は、総合型クラブの量的な拡大に貢献しましたが、中には、具体的なビジョンや中長期のプランを描けないままクラブの設立を急いだケース（横並び意識、画一的なクラブ）も少なくありません。「地域スポーツとトップスポーツの好循環推進プロジェクト」、いわゆる拠点クラブ（2013年度61クラブ）等の運営力基盤の安定しているクラブに人材や資金が一極集中する傾向が強く、基礎体力のないクラブが蚊帳の外に置かれてしまう状況（格差拡大）が懸念されています。今後は、リーディングクラブを育てつつ、経営基盤の脆弱なクラブ（行政主導、補助金頼みのクラブではなく、あくまでも住民の主体的な運営が基本）を見守り、育てていく視点、すな

わち、総合型クラブが単独で成長発展していくパターンではなく、身近なクラブ同士が力を合わせ、相互交流を重ねることによって、クラブがクラブを育てる土壌づくりを行っていくことが大切です。

(3) クラブの育成を支援するネットワーク組織

　総合型クラブの数が増大するにつれ、地域の実情に合わせたエリア（都道府県、教育事務所単位、合併市町村、市区町村、市区町村をまたぐエリア等）における自発的なクラブネットワーク組織の重要性が高まっています。

〈具体的な支援内容〉
① クラブのネットワーク化を促進すること。
② 資金力、スタッフ力が弱いクラブを支援すること。
③ 指定管理業務による収益、地元企業の協賛や広告収入を得る等、自主財源の確保に関する指導・助言を行うこと。
④ 各クラブの活動内容やネットワークのメリットを知ってもらうために広報を強化すること。
⑤ 有給の指導者やマネジメントができるスタッフ等の人材を養成・派遣すること。
⑥ 魅力ある多様なプログラムを共同開発すること。
⑦ 学校、企業、行政等とクラブとの協働を促進すること。
⑧ 共同イベントの開催
⑨ プロチームとの連携
⑩ クラブ評価の実施

　もちろん、こうしたネットワーク組織は、つながるためだけの組織ではなく、つながってどうするか、お互いの強みを活かし、弱みを補い合い、全体として効率化、活性化を図っていくことが大切になってきます。

(4) 投入額に見合う費用対効果の指標化

　総合型クラブ育成に係わる国（1995年度〜2013年度）、スポーツ振

興くじ助成（2002年度〜2013年度）、都道府県・市区町村（1995年度〜2013年度）の投入予算額の合計は、少なく見積もっても350億円を超えています。総合型クラブ事業が、こうした巨額の財政投資に見合った効果を挙げているかどうかに、客観的な数値で答えていかなければなりません。今後の公的支援のあり方や費用対効果の指標化など、科学的根拠（エビデンス）に基づく政策提言集団、いわゆる「シンクタンク」（地域スポーツ推進アカデミー）の創設が必要です。

（5）人材の発掘と確保

クラブ（club）とは、その本質においてはボランティア精神に支えられていますが、総合型クラブが地域スポーツ推進の中核を担うためには、他に仕事をもった人々が時間を見つけて無償で活動する程度にとどまるのではなく、フルタイムで責任をもって運営に当たる人材が欠かせません。つまり、スポーツを仕事に生活できる人材を育てること、これが総合型クラブの重要なテーマの一つです。「スポーツ」という枠にとらわれない人材の発掘と養成、および社会的地位の確立に向けた検討が必要です。

（6）財源の確保

地域になくてはならないクラブとして存続していくためには、財政基盤をしっかりしなければなりません。ただし、自立とは、イコール独立採算ではありません。有給スタッフの人件費、指導者の謝金、クラブハウス・事務所の賃料などの支出がある場合、会費収入だけですべてを賄うのは困難です。会費3割、助成金3割、事業費3割の1/3理論に基づき、将来にわたって持続可能な財政基盤を整えるという視点が欠かせません。組織基盤を強化し、信頼を高めるためにも、法人格の取得や認定NPO法人あるいは仮認定NPO法人へとランクアップしていくことも必要でしょう。

（7）新しい公共を担う総合型クラブ（公益性と事業性の両立）

「新しい公共」とは、活動の便益がサービスを直接受ける人に限定される

ことなく、広く地域社会全体に及ぶことを意味します。今後、総合型クラブが目指していくのは、公共分野を支える新たな担い手となることです。学校や企業、行政等と協働しながら、ともに学び、成長していくことが必要です。総合型クラブが呼び掛け人となり、地域スポーツ推進の窓口を一元化するワンストップ事業モデルを推進することも有効な方策の一つです。

(8) ネットワーク型システムへの転換

　スポーツに限ったことではありませんが、これまでの日本社会は、それぞれの組織や機関が自らの領域に閉じこもっていました。いわゆる縦割り・ピラミッド型の構造が一般的でした。しかし、これからは、こうした上意下達型のピラミッド型システムから脱却し、より柔軟性のあるネットワーク型システムへと転換することが重要になってくるでしょう。言い換えれば、同じ組織内で交換されるネットワークより、知人の知人、異業種間の交流でみられるような弱いネットワークの方が重要な情報が得られ、社会を変革する力を持っていると言われています。いわゆる、「強い絆の弱さ」ではなく、「弱い絆の強さ（The strength of weak ties）」が力を発揮するネットワークの時代を迎えています。

(9) 地方スポーツ推進計画の策定

　2012年3月、文部科学省は「スポーツ基本計画」を公表し、①地方公共団体は、その地域の実情に即したスポーツの推進に関する計画を策定すること、②策定に当たっては市民参画が必須条件であること、③市民と行政が対等の立場で立案することを求めており、今後、全国の市区町村で「地域スポーツ推進計画（仮称）」の策定準備か進むことが予想されます。その際には、計画書というプロダクト（plan）作成のみに終始するのではなく、計画を作成するプロセス（planning）を重視することが大切です。ラウンドテーブル（円卓会議）やワールド・カフェ（人々がオープンに会話を行い、自由にネットワークを築くことのできるカフェ）の開催を呼びかけ、「公

共性」と「住民自治」の必要性について意見交換するプロセスが大切になってくるでしょう。

(10) スポーツ・コモンズ

　東日本大震災では通常災害時には地域住民の救援活動にあたるはずの自治体も数多く被災し、道路やライフラインが寸断され、救助の手が届かない状況があちこちで見られました。そんな中、いち早く被災地の救援活動や支援活動に入った団体の一つに、総合型クラブがあります。彼等はツイッターやフェイスブックなどのSNS（ソーシャル・ネットワーキング・サービス）を駆使し、要望のあった支援物資を素早く調達し、迅速に届ける活動や、避難所での生活に疲れ、ストレスを抱えた人々の気分転換を図り、身体機能が低下しないようスポーツによるサポート活動を続けました。まさにスポーツが縁でつながった遠く離れた人々を総合型クラブがハブ役（拠点）となり支え続けたわけです。こうした一連の活動はスポーツが持つ社会公益性の一端を表しています。国や地方自治体といった行政セクターや民間企業に頼るだけの社会政策には限界があります。今回の震災を教訓にすると、スポーツが持つ社会公益性を普段から私たちの社会生活の中に取り入れるメリットは十分にあると考えられます。

　これは私の勝手な解釈ですが、総合型クラブの略称である「SC」には、総合型クラブ、ソーシャル・キャピタル、そしてスポーツ・コモンズという3つの意味が込められています。コモンズ（Commons）は、もともとイギリスの共有地をさす言葉でしたが、いまでは、広くさまざまな「共有資源・共有財産」を意味する世界共通のキーワードとなっています。総合型クラブとは、単に地域住民の運動・スポーツ活動を促進することだけが目的ではありません。スポーツを通して築いた人と人とのつながりや助け合いの関係を身近な日常生活圏で生み出す地域組織としての役割が期待されています。そうした意味で総合型クラブとは、「スポーツのクラブ」ではなく、「地域のクラブ、地域のコモンズ」を目指さなければならないのではないでしょうか。総合型クラブをコモンズ（皆で共同作業する場）に

置き換えて解釈すれば、スポーツ＋農業＋文化＋健康＋医療・福祉＋産業＋子育て＋防災＋環境＋交通システム＋観光＋地域づくり等々など、未来志向型のクラブ像を描くことができるでしょう。

〈総合型クラブが備えるべき5つの要素〉
　①地域コミュニティ主体でスポーツを推進する体制を整えること
　②ネットワークをコーディネートする専門的な人材を配置するくこと
　③ネットワークの拠点となる事務所（ビューロー）を設置すること
　④学校や企業、行政等と多様なパートナーシップを構築すること
　⑤スポーツを通じてソーシャル・キャピタルを構築すること

2014年1月
特定非営利活動法人クラブネッツ
理事長　黒須　充

全国の総合型地域スポーツクラブと スポーツNPOを支援する非営利組織
特定非営利活動法人クラブネッツ

- ■設　　　立：1998年5月（翌年7月にNPO法人格取得）
- ■正会員数：41人（2013年12月現在）
- ■特別顧問：川淵三郎　元日本サッカー協会会長
- 　　　　　　松永真理　株式会社バンダイ社外取締役、ｉモードの開発者
- 　　　　　　二宮清純　スポーツジャーナリスト
- ■役　　　員：理事長　　黒須　充（福島大学）
- 　　　　　　副理事長　水上博司（日本大学）
- 　　　　　　　　　　　柳川尚子（公益財団法人健康・体力づくり事業財団）
- 　　　　　　理　事　　植田尚史（公益財団法人日本レクリエーション協会）
- 　　　　　　　　　　　小野崎研郎（NPO法人浦和スポーツクラブ）
- 　　　　　　　　　　　林　恒宏（札幌国際大学）
- 　　　　　　監　事　　田尻稲雄（NPO法人北海道バーバリアンズラグビーアンドスポーツクラブ）
- ■事　務　所：【本部事務所】福島県福島市鎌田字町46 － 4
- 　　　　　　【東京事務所】東京都世田谷区桜上水3-25-40
- ■TEL&FAX：TEL 080-2838-7964　　FAX　050-3737-4989
- ■E-mail：jimukyoku@clubnetz.or.jp

【クラブネッツの沿革】

- 1998年5月、「全国100ヶ所に総合型地域スポーツクラブを設立する」というミッションを掲げ、「ニュースレター第1号」を発行する。
- 1999年5月、第1回クラブネッツセミナーを富山市において開催する。
- 1999年7月、特定非営利活動法人として福島県から認証を受ける。
- 2000年1月、公式ホームページとメーリングリストを開設し、「スポーツ振興基本計画」（文部科学省、2000年9月策定）に向けた情報交換

おわりに

　会の開催を呼びかけ、パブリックコメントを提出する。
- 1998年8月から2002年3月まで、日本体育協会発行の「指導者のためのスポーツジャーナル」で連載をスタート。2002年12月にはこの連載をまとめた書籍「ジグゾーパズルで考える総合型地域スポーツクラブ」（大修館書店）を出版する。
- 2002年3月10日、神戸市・神戸ファッションマートにおいて、「第1回スポーツNPOサミット in KOBE」が開催される。クラブネッツは共催団体として参画する。
- 2002年11月2日、東京都港区の日本財団ビルにおいて、「第2回スポーツNPOサミット東京」が開催される。クラブネッツは共催団体として参画する。
- 2003年10月25日、東京都港区の日本財団ビルにおいて、「第3回スポーツNPOサミット東京」が開催される。クラブネッツは共催団体として参画する。
- 2004年3月、「My Town Club（全国の総合型地域スポーツクラブのデータベース）」をまとめ、公表する。
- 2004年11月23日、大阪・リサイタルホールにおいて、クラブネッツと朝日新聞社による合同の「スポーツライフシンポジウム2004」を開催する（新聞紙上に採録記事が掲載）。
- 2005年10月10日、兵庫・神戸ウィングスタジアムにおいて、クラブネッツと朝日新聞社による合同の「スポーツライフシンポジウム2005」を開催する（新聞紙上に採録記事が掲載）。
- 2006年5月28日、有楽町朝日スクエアにおいて、クラブネッツと朝日新聞社による合同の「スポーツライフシンポジウム2006」を開催する。
- 2007年5月26日・27日、岐阜県神戸町において、「第1回全国スポーツクラブ会議」が開催される。黒須理事長が発起人代表を務め、クラブネッツは共催団体の一つとして参画する。
- 2008年から2010年にかけて、「ネッツバー」という学習会を定期的

に開催する。
- 2011年3月11日に発生した東日本大震災後、「子どものスポーツ支援プロジェクト」をスタート、全国から支援金を集めて被災地の総合型地域スポーツクラブへの支援活動を行う。
- 2012年4月から6回、テーマ毎にゲストスピーカーを招き、「クラブネッツフューチャーズミーティング」を開催する。
- 2013年7月19日、宮城県気仙沼市にある総合型地域スポーツクラブ「NPO法人なんでもエンジョイ面瀬クラブ（NEO）」と共催で、「おもせ親子スマイルフェスタ」を開催する。
- 2013年9月から、福岡県、北海道、石川県、愛知県の4会場で「総合型地域スポーツクラブ組織基盤強化セミナー」を開催する。
- 2013年12月22日・23日の2日間、ホテルリステル猪苗代において、「福島県飯舘村再会プロジェクトいいたてっ子だよ！全員集合♪」をクラブネッツ主催で開催する。
- 2014年3月15日には、ドイツから、ユルゲン・シュタインメッツ氏（ライン・ノイス郡副郡長）、トーマス・ラング氏（ライン・ノイス郡スポーツ連盟会長）、アクセル・ベッカー氏（ライン・ノイス郡スポーツ相談課長）の3名を招き、「ドイツと日本におけるスポーツクラブの未来」というテーマのセミナー（於：日本大学文理学部百周年記念館国際会議場）を開催する。

おわりに

CLUB netz クラブネッツ
総合型スポーツクラブ 100

May 1998 vol.①

編集・発行　黒須充　水上博司

事務局：〒514-8507
三重県津市上浜町1515　三重大学教育学部
TEL・FAX 059-231-9296

印刷：ITO Printing Center　三重県津市大門32-13

「総合型スポーツクラブづくり」はそんなにむずかしくない！

今や生涯スポーツを語る上で欠かせない存在となってきた「総合型スポーツクラブ」。そのイメージは徐々に浸透しつつあるものの、いざ自分達の地域で総合型クラブをつくろうとした場合、超えられないハードルがたくさんあると思い込んでしまう人が多いようだ。

確かに解決すべきいくつかの問題があることも事実であるが、実際には担当者一人でその問題を抱え込んでしまい、かえってハードルを高くしてしまっているケースが多いように思われる。

そんな時、「どうすればいいの？」と気軽に相談できる人が身近にいれば、「もっといい方法があるよ」ときっと教えてくれるはず。

解決の糸口さえ見つかれば、意外と低いハードルであったことに気づくであろう。こうして一つ一つの問題をクリアしていけば、必ずやあなたの町でも、誰もが年令や技術レベル・目的に応じたクラブまたはスポーツを選択することが可能な「総合型スポーツクラブ」をつくることができるだろう。

CLUB netzに参加して、各地の様々な取り組みを知ることによって、気がついたら、いつの間にか総合型のクラブが出来上がっていた、そんな日が必ず来ることを信じて、一緒に活動してみませんか？

私たちは、仲間を募集しています。

◆◆ 特 集 ◆◆

● 市長インタビュー　東の遠野、西の成岩！
● スポーツクラブ革命―総合型スポーツクラブ
● あなたは「総合型」と「クラブ」について説明できますか？
● CLUB netzへの参加方法

この指と〜まれ

一、読み手ではなく、発信者になろう。

二、担当者の机のファイルに綴じられるだけではなく、生きた機関誌を目指そう。

三、「こんなこと言ったら笑われるかもしれない」といった書き出しで素朴な疑問を出し合おう。

四、それぞれの立場を意識せず、率直で自由な発言のできる雰囲気づくりをしよう。

五、運営委員会等の会議用で資料として配布される関係誌を目指そう。

六、「一緒に変わう」といった人がどれだけいるかにかかっている。あくまでも個人で入会しよう。

七、理解者・協力者は必ずいる。地域の様々な組織や団体をうまく巻き込もう。

八、住んでいる町が好きなら自分のロマンにかけられるはず。

九、一〇年先、二〇年先のわが町のスポーツシーンを夢見ることからはじめよう。

十、一人一人の思いが集まってせせらぎとなり、やがてわが国のスポーツシーンを変える大きなうねりを形成したい。

ニュースレター創刊号の表紙

193

子どものスポーツ

未曾有の東日本大震災から 2 年がたちました。復興の道のりは長く、被災者の皆さまの傷ついた心が癒されるにはまだまだ長い時間と多くの支援が必要であることは言うまでもありません。

改めて心よりお見舞いを申し上げますとともに、一人でも多くの皆様の日常が戻ってくること、笑顔あふれる平常が戻ってくることをお祈り申し上げます。

クラブネッツのメーリングリストでは、震災直後から被災 3 県の総合型地域スポーツクラブ関係者の安否を気遣う声や支援を申し出る仲間からの声が数多く配信されました。こうした声を結実させようと、震災から 2 ヶ月半が経過した平成 23（2011）年 6 月 1 日、「子どものスポーツ支援プロジェクト：Keep on Clublife!! 集めよう・届けよう！クラブ力！」をスタートしました。

全国各地の地域スポーツクラブなどで、シュートを決めたら 100 円、ヒットを打ったら 10 円、会費に＋100 円など、無理なく長く続けられる工夫をし

支援金をいただいた皆さま

北海道
北海道走友連合会
NPO 法人羅臼スポーツクラブらいず

青森県
いながきスポーツクラブ

秋田県
スポーツクラブひない

福島県
NPO 法人スポーツクラブバンビィ
はなわふれあいスポーツクラブ

栃木県
友遊いずみクラブ

群馬県
NPO 法人新町スポーツクラブ
高崎スポーツ支援機構
　　　　　（株式会社ドリームチーム）
NPO 法人伊勢崎西部スポーツクラブ
渋川いきいき健康スポーツクラブ
うすねニュースポーツクラブ

埼玉県
スポーツサンクチュアリ川口
NPO 法人浦和スポーツクラブ
NPO 法人あさひスポーツ・文化クラブ

東京都
日本アスリートアカデミー
FC きらく
こやのエンジョイくらぶ

住宅不動産リーグ
NPO 法人志村スポーツクラブ・プリムラ

新潟県
NPO 法人希楽々
とらい夢（NPO 法人新発田市総合型地域
　　　　　　　　　　　　スポーツクラブ）
NPO 法人総合型地域スポーツクラブ
　　　　　　　　ウェルネスむらかみ
村上市総合型地域スポーツクラブ連絡会
（NPO 法人希楽々・NPO 法人総合型地域ス
ポーツクラブウェルネスむらかみ・愛ランド
あさひ）

富山県
NPO 法人こすぎ総合スポーツクラブきらり
NPO 法人しもむらスポーツクラブまいけ
NPO 法人おやべスポーツクラブ

石川県
NPO 法人クラブパレット
NPO 法人かなざわ総合スポーツクラブ

岐阜県
NPO 法人つけちスポーツクラブ
東可児 UNIC

大阪府
NTT 西日本大阪軟式野球部

和歌山県
NPO 法人ゆうゆうスポーツクラブ海南

島根県
NPO 法人さくら総合スポーツクラブ
NPO 法人しんじ湖スポーツクラブ

岡山県
NPO 法人スポーツライフ '91 天城

山口県
コミュニティクラブ東亜
NPO 法人ゆうスポーツクラブ
NPO 法人 Goppo ええぞなクラブ
総合型地域スポーツクラブ山口県連絡協議会

香川県
香川県総合型地域スポーツクラブ連絡協議会

高知県
NPO 法人くぼかわスポーツクラブ
NPO 法人スポーツクラブスクラム

佐賀県
リョーユーススポーツプラザ
　　　　　　　　　　　　　ラケットボール有

熊本県
NPO 法人クラブおおづ
南関すこやかスポーツクラブ

宮崎県
NPO 法人佐土原スポーツクラブ
半九レインボースポーツクラブ

個人
岩崎　朋之
神谷　和義
金　　哲彦
荻原　尚子
仲伏　達也
松澤　淳子
森川　貞夫
柳川　尚子

●プロジェクトの概要については、クラブネッツホームページをご覧ください。

子どものスポーツ支援プロジェクト

おわりに

支援プロジェクト

■ 支援金入金状況 総額　4,791,583 円　　107 件
■ 支援金配布状況 総額　2,080,000 円　　14 件
（2013年3月11日現在）

ながら集めた支援金を、クラブネッツがもつネットワークを活かして、被災3県の総合型地域スポーツクラブの子どもたちの支援につなげる仕組みです。具体的な支援金の集め方については、クラブネッツホームページで公開しています）。

平成25（2013）年3月11日現在、全国各地の総合型地域スポーツクラブやスポーツ団体・個人からお預かりした支援金は、総額 4,791,583 円になりました。一つ一つのクラブの力は小さくとも、全国 3,300 の総合型地域スポーツクラブの力を合わせれば、とても大きな力になります。

震災から2年を経て、被災地のニーズも変化してきています。子どものスポーツ支援プロジェクトは、被災地のクラブの声を聞きながら、クラブのネットワークだからこそできる支援をこれからも続けていきたいと思います。新しい仲間の参加をお待ちしています。

支援金をお届けした皆さま

岩手県
唐丹地区すぽこんクラブ／SUN 陸リアススポーツクラブ

宮城県
社団法人塩竈フットボールクラブ／NPO法人アクアゆめクラブ 唐桑総合型地域クラブ「カラット」／NPO法人石巻スポーツ振興サポートセンター／いしのまき総合スポーツクラブ／NPO法人多賀城市民スポーツクラブ／NPO法人なんでもエンジョイ面瀬クラブ <NEO>

福島県
NPO法人はらまちクラブ／ひのきスポーツクラブ

支援金の配布対象について

クラブネッツでは、支援金配布の基本方針として、主に被災3県の「総合型地域スポーツクラブ」に対し、被災して継続が困難となった（被災地内もしくは被災地外に住む）子どもたちのクラブ会費、活動諸経費（スポーツ用具等含む）、被災地の総合型地域スポーツクラブが子どもたちのために行うスポーツ教室・イベント等を対象にした支援金の配布を行ってまいります。

対象内容

● **子どものクラブ会費奨学金**
　期間は1年間（更新あり）、18歳（高校3年生）まで。
● 被災地以外の総合型地域スポーツクラブが行う、被災地の子どもたちと自クラブの子どもたちの交流を図るイベント
● 被災地以外の総合型地域スポーツクラブが行う、被災地へ出向いて子ども同士の交流を図るイベントや出向くための交通費
● 被災地の総合型地域スポーツクラブの絆や交流を結ぶことを目的とした総合型地域スポーツクラブ同士の交流イベントの事業費やイベントに参加するための交通費

一口　上限 15 万円

詳細については、クラブネッツ事務局にお問い合わせください。

クラブネッツ通信 第8号（2013.3.11）　http://clubnetz.or.jp

クラブネッツ通信第8号（2013.3.11）

福島県飯舘村再会プロジェクト　いいたてっ子だよ！全員集合♪

執筆者紹介

黒須　充（くろす　みつる）
順天堂大学大学院スポーツ健康科学研究科教授
専攻：スポーツ社会学、生涯スポーツ論、地域スポーツ政策
主な著書：『スポーツによる地域貢献で大学は変わる』（編著）大修館書店、『総合型地域スポーツクラブの時代（全3巻）』（編著）創文企画、『ドイツに学ぶスポーツクラブの発展と社会公益性』（監訳）創文企画、『ドイツに学ぶ地方自治体のスポーツ政策とクラブ』（編著）、他多数。

森岡　裕策（もりおか　ゆうさく）
前独立行政法人日本スポーツ振興センター審議役
専攻：スポーツ行政、スポーツ政策、バレーボール
経歴：和歌山県立和歌山北高等学校教諭、文部科学省スポーツ・青少年局生涯スポーツ課・競技スポーツ課専門職・専門官、国際スポーツ大会専門官、アンチ・ドーピング支援専門官、和歌山県教育委員会生涯学習局スポーツ課長、文部科学省スポーツ・青少年局体育官、スポーツ振興課スポーツ連携室長、スポーツ振興課長を経る。

佐伯　年詩雄（さえき　としお）
日本ウェルネススポーツ大学教授、筑波大学名誉教授
専攻：スポーツ社会学、スポーツ文化論、スポーツ政策論、体育科学習指導論
主な著書：『現代スポーツを読む』世界思想社、『これからの体育を学ぶ人のために』世界思想社、『現代企業スポーツ論』不昧堂出版、『スポーツプロモーション論』（共編著）明和出版、『スポーツイベントと地域社会形成』不昧堂出版、『現代スポーツのパースペクティブ』（共著）大修館書店、『スポーツ、権力と文化』（共訳）不昧堂出版。

山口　泰雄（やまぐち　やすお）
神戸大学名誉教授、日本生涯スポーツ学会会長
専攻：スポーツ社会学、生涯スポーツ論、スポーツ政策論
主な著書：『スポーツ・ボランティアへの招待―新しいスポーツ文化の可能性―』（編）世界思想社、『地域を変えた総合型地域スポーツクラブ』大修館書店、『健康・スポーツへの招待―今日から始めるアクティブ・ライフ―』体育施設出版、『健康・スポーツ社会学』（編）建帛社、『生涯スポーツとイベントの社会学―スポーツによるまちおこし―』創文企画、『レジャーの社会心理学』（共訳）世界思想社、他多数。

執筆者紹介

菊　幸一（きく　こういち）
筑波大学体育系教授
専攻：スポーツ社会学、体育社会学、スポーツ政策論
主な著書：『「近代プロ・スポーツ」の歴史社会学』不昧堂出版、『よくわかるスポーツ文化論』（共編著）ミネルヴァ書房、『「からだ」の社会学』（共編著）世界思想社、『スポーツ政策論』（共編著）成文堂、『スポーツプロモーション論』（共編著）明和出版、『現代スポーツのパースペクティブ』（共編著）大修館書店、他多数。

森川　貞夫（もりかわ　さだお）
市民スポーツ＆文化研究所代表、日本体育大学名誉教授
専攻：スポーツ社会学、スポーツ史、社会教育・生涯学習論
主な著書：『スポーツ社会学』青木書店、『やわらかいファシズム』（共訳）有斐閣、『必携・地域スポーツ活動入門』（編）大修館書店、『必携部活動ハンドブック』（編）大修館書店、『スポーツ世界地図』（監訳）丸善出版。

海老原　修（えびはら　おさむ）
横浜国立大学教育学部教授
専攻：スポーツ社会学、健康社会学、生涯スポーツ論
主な著書：『現代スポーツ社会学序説』杏林書院、『小学校教員を目指す人のための【教育実習ノート】〈横浜スタンダード準拠〉』東洋館出版社。

水上　博司（みずかみ　ひろし）
日本大学文理学部体育学科教授
専攻：スポーツ社会学、コミュニティースポーツ論、スポーツマーケティング論
主な著書：『ジグソーパズルで考える総合型地域スポーツクラブ』（編著）大修館書店、『スポーツプロモーション論』（共著）明和出版、『スポーツ・ボランティアへの招待』（共著）世界思想社。

スポーツ・コモンズ　総合型地域スポーツクラブの近未来像

2014年3月3日　第1刷発行　　2018年3月31日　第2刷発行

監　修	NPO法人クラブネッツ
編　者	黒須　充・水上博司
発行者	鴨門裕明
発行所	㈲創文企画
	〒101−0061
	東京都千代田区神田三崎町 3-10-16　田島ビル2F
	TEL：03-6261-2855　FAX：03-6261-2856
	http://www.soubun-kikaku.co.jp　［振替］00190−4−412700
装　丁	髙橋美緒（Two Three）
印　刷	壮光舎印刷㈱

©Mitsuru Kurosu & Hiroshi Mizukami 2014
ISBN978-4-86413-048-6　　　　　　　　　　　　　　Printed in Japan

本書を無断で複写複製することは、著作権法上での例外を除き禁じられています。